신앙의 자리

# 신앙의 자리

송용원

성서유니온

프롤로그 7

**시작의 자리** 깨어짐과 깨달음

**바닥** 13

**가난** 25

**한계** 35

**거울** 48


**여정의 자리** 깨우침과 길 찾기

**빈들** 63

**선택** 74

**갈망** 89

**지혜** 103

차례

**일상의 자리** 뿌리내림과 열매맺음

**일터** *117*

**나무** *129*

**흔적** *142*

**만족** *154*

**은혜의 자리** 연단과 성숙

**꽃길** *171*

**연단** *181*

**씨앗** *197*

**환대** *209*

**에필로그** *223*
**주** *230*
**참고문헌** *230*

일러두기

• 이 책은 2022년부터 3년 동안 성서유니온의 「묵상과설교」에 연재된 글을 기본으로 삼아 편집했습니다. 또한 저자의 기윤실 웹진 「좋은나무」 칼럼과 국민일보 "바이블시론" 칼럼 내용 일부가 포함되었습니다.

# 프롤로그

이 글은 신학자의 책상이나 설교자의 강단보다는 내가 걸어온 신앙의 자리에서 흘러나온 작은 고백들이다. 누군가에게는 그저 사소해 보이는 발자취일 수 있지만, 그 작은 자리가 내게는 은총의 흔적이 되었다. 지나가는 노새 한 마리나 하늘을 나는 새 한 마리가 우리에겐 하나님을 향한 창문이 되고, 이름 없는 들꽃이나 강아지 똥 같은 작은 것들조차 하나님이 신앙의 씨앗을 심으시는 자리가 된다. 나는 그런 부스러기 같은 자리에서 이야기를 시작하려 한다. 언뜻 하찮아 보일 수도 있는 자리들이 어떻게 신앙의 자리가 되었는지, 그곳에서 하나님이 어떻게 일하셨는지 나누려 한다.

우리네 신앙의 자리는 결국 신학의 자리(*loci*)로 이어질 것이다. 틸리케는 나치의 억압 속에서 병마와 싸우며 하나님의 손길을 깊이 체험했고, 그 신앙은 그에게 '위기 속의 신학'이라는 열매를 맺었다. 칼뱅은 피난민들과 함께하는 자리에서, 루터는 교회 옆문에 95개조의 반박문을 붙인 자리에서 종교개혁 신학을 키워냈다. 우리 각자의 삶의 자리에서 피어난 신앙도 신학의 열매로 이어질 것이다.

때로는 성서 한 구절, 아니 한마디 말씀이 신앙의 자리가 되기도 한다. 도스토옙스키가 시베리아 유형지에서 받은 성경 한 권, 아우구스티누스가 "들고 읽으라"는 소리에 응답하며 흘린 눈물은 그들에게 신앙의 자리, 신학의 시작점이 되었다. 하나님은 가장 작은 자리에서 신앙을 세워 가신다. 나의 신앙의 자리도 보잘것없어 보이는 일상의 순간이었지만, 돌아보면 주님이 허락하신 자리였다.

이 책은 그런 자리들을 신학적으로 성찰한 글들의 모음이다. 온전하지도 않았고, 더디고 부족했지만, 하나님은 그곳에서 함께하시며 나를 이끌어 오셨다. 이 글들은 2022년부터 3년 동안 성서유니온의 「묵상과 설교」에 연재되었다. 처음에는 "성경에서 길어 올린 신학"이라는 제목으로 시작했으나, 시간이 흐르며 그 이름은 점점 내게 맞지 않는 갑옷처럼 느껴졌다. 그래서 이 글 모음은 마침내 "신앙의 자리"라는 본래 이름을 찾게 되었다. 어쩌면 '신앙의 부스러기'가 더 어울릴지도 모르겠다. 나는 그저 하나님이 허락하신 작은 자리에서 조약돌 하나를 들고 그분 앞에 나아갔을 뿐이니까.

여기 실린 열여섯 편의 조각은 내가 통과해 온 보잘것없는 신앙의 자리들에 새겨진 작은 발자국들이다. 바닥과 가난, 한계와 거울을 지나며 나는 낮아지는 법을 배웠고, 빈들과 선택, 갈망과 슬기의 길목에서 하나님 기다리는 법을 익히곤 했다. 일터와 나무, 흔적과 만족 속에서 주님의 일하심을 바라보며, 꽃길인 줄 알았지만 실은 연단이 깃든 길에서 씨앗을 품고 환대의 삶으로 나아가길 기도했다. 이 모든 자리는 결국 하나님이 먼저 오셔서 기다리셨던, 은총의 자취들이다.

신앙의 자리가 없는 신학의 자리는 없다. 삶의 자리에서 자라난 신앙이라야 진정한 신학으로 열매 맺힐 수 있다. 때로는 우리의 한숨 속에서, 실패와 눈물 속에서, 또 뜻밖의 위로 속에서 하나님은 우리 신앙의 자리를 다져 가신다. 이제 그 이야기를, 그 자리의 고백을 '바닥'에서부터 시작해 보려 한다.

# 시작의 자리

깨어짐과 깨달음

# 바닥

사람이 의롭게 되는 것은 율법의 행위로 말미암음이 아니요
오직 예수 그리스도를 믿음으로 말미암는 줄 알므로.

(갈 2:16a)

## 이로움의 시대, 의로움의 침묵

성경은 의(義)의 반대말로 죄(罪)를 꺼내는 데 반해, 논어는 의의 반대말로 이(利)를 내놓는다. 공자는 "이득 될 것을 보았을 때 그것이 의로운 것인가를 생각"하라고 말한다. "군자는 천하에서, 반드시 그래야만 한다는 것도 없고, 절대로 안 된다는 것도 없으며, 오직 의로움만을 따를 뿐이라"는 것이다.[1] 군자가 의로움에 통달한 사람이라면 소인은 이로움에 통달한 사람이다. 이로움에 통달한 소인은 부귀영화를 누릴 확률이 높지만 의로움에 통달한 군자는 초근목피로 연명하기 십상이다. 에덴동산을 박차고 나온 이래 동서양을 막론하고 사람은 누구나 하나

님 앞에(Coram Deo) 의로운 것이 무엇인지보다 자신에게 이로운 것이 무엇인지 곰곰이 궁리하고 어떻게 하면 그것에 통달할지 모색하는 존재가 되었다. 세상 사람들에게는 이로움과 즐거움을 주는 어떤 것에 통달하면, 즉 달인의 경지에 오르면 절로 명성과 재물이 따라붙게 마련이다. 그것은 요리, 강연, 연주, 기술, 지식, 건축, 금융, 정치, 언론, 스포츠, 심지어 종교까지 다양하게 펼쳐진다. 그래서 공자의 제자 자장은 통달한다는 것에 대한 스승의 질문에 냉큼 명성이 있다는 것이라고, 특히 나라 안에서 그리고 집안에서 명성을 누리는 것이야말로 통달한 증거라고 자신 있게 대답한다.

하지만 스승은 제자의 생각을 교정해 준다. "통달한다는 것은 본바탕이 곧고 의로움을 좋아하며, 남의 말을 잘 헤아리고 모습을 잘 살피며, 자신을 남보다 낮추어 생각하여, 나라 안에서도 반드시 통달하고 집안에서도 반드시 통달하는 것이다. (오히려) 명성이 있다는 것은 겉모습은 인(仁)을 취하면서도 행실은 인(仁)에 어긋나고, 그렇게 살면서도 의심조차 없어서, 나라 안에서도 명성이 있고 집안에서도 명성이 있는 것이다."[2] 놀랍지 않은가. 사실은 인(仁)이 없으면서도 인(仁)이 있는 것처럼 기가 막히게 꾸미는 기술을 구비한 자들이 얻는 것이 명성이라는 사실이. 매스 미디어는 의로움에 통달한 어진 이는 외면하고 이로움에 통달한 못된 이를 찾아다니며 성공 비결을 포장해 주곤

한다. 사람들이 정말 되고 싶고 갖고 싶은 것이 무엇인지 (말로야 인과 의라 하지만 내심은 명성과 이득임을) 간파한 까닭이다.

하지만 인(仁)이 무엇인지 세밀하게 가늠하던 공자는 인(仁)이 있는 것처럼 굴지 않았고 자신의 사정을 솔직하게 털어놓았다. 군자는 '의로움'을 자신의 바탕으로 삼고 "의로움을 실천함으로써 자신의 도를 달성해야 한다는데, 나는 그런 말은 들었지만 그런 사람은 아직 보지 못하였다"라고 말이다.[3] 논어와 같은 고전 덕분에 우리는 공자가 살던 시대와 지금이 별반 다르지 않음을 알게 된다. 그때에도 사람들은 무엇엔가 통달해서 그것으로 이득과 명성을 얻는 데 너 나 할 것 없이 열광하고 그런 비결을 알려 줄 것 같은 명사들을 따르곤 했지만, 정작 의에 주리고 목마른 진품은 희토류에 가까운 존재였다. 초대 교부 유스티누스(Justinus Martyr)가 알려 주던 '온 인류가 타고난 이성의 씨앗으로부터 얻게 되는 진리'의 한 조각을 어느덧 손에 든 공자는 또 다른 제자 자로에게 "군자는 의로움을 최상으로 여긴다"면서 만일 "군자가 용기만 있고 의로움이 없으면 난을 일으키고, 소인이 용기만 있고 의로움이 없으면 도적질을 하게 된다"고 일러준다.[4]

흥미롭게 갈라디아 교회에서도 의로움은 없고 용기만 백배한 지체들이 교회를 어지럽히고 교우들을 실족하게 하는 일들이 속출했다. 갈라디아에 완전히 이질적인 복음을 들고 와서는 공동체 내에 동요를 일으키는 자들이 벌인 일이었다. 유대 디아스포라 사회에서 명성이 있고 대중의 인기를 끌던 일단의 교사들이 율법과 할례를 지켜 현저한 자기 개선을 이룸으로써 하나님을 기쁘시게 하는 좋은 관계를 만들어 낼 수 있다고 가르친 모양이다. 기존의 유대 율법주의 전통에 익숙한 교인들은 그런 가르침에 은근히 끌렸던 것 같다. 새로운 집의 조감도가 아직은 낯선 이에게 유진 피터슨의 말처럼 '전에 헐어 버린 낡은 헛간을 다시 (이번에는 제대로) 세워 보자'는 익숙한 해결책은 현혹되기에 충분했다.[5]

그래서 아우구스티누스와 루터는 갈라디아서 2:16을 풀이하며 "바울이 유대 율법 준수 등 인간이 구원을 얻기 위해 행하는 일체의 노력을 논박했다"라고 주장한다. 이에 반해 신약학자 김선용은 바울에게 "율법의 행위들은 인간의 자력 구원의 시도나 율법의 완벽한 준수를 통해 구원을 얻으려는 행위를 가리키는 것이 아니다. (단지) 율법을 핵심으로 두는 유대인의 삶의 방식을 받아들이고 율법의 가치를 존중하며 그에 따라 사는 것을 말한다. 율법의 행위들은 유대인의 남다른 정체성에 관련된 행위, 특히 할례, 안식일 준수, 그리고 음식 규정 준수에서 두드러지게 나타난다"라고 조정한다.[6]

## 신실하게 진실하게

어느 해석을 따르건, 갈라디아서 2:16에 나오는 의로움의 출처가 인간이 아니라 그리스도에게 있음에는 이견이 없다. "오직 예수 그리스도를 믿음으로 말미암는 줄 알므로"는 "예수 그리스도의 '피스티스'(믿음)를 통해서가 아니라면"으로 해석되기도 하기 때문이다. 사실 '피스티스'는 단순히 인지적으로 동의하는 것이 아니라 관계성을 형성하는 토대가 되는 신뢰와 그것을 가능하게 하는 신실함을 의미하는 단어다. '피스티스'는 우리를 향하신 그리스도의 신실함과 그리스도를 향한 우리의 신뢰를 동시에 포함한다. 먼저 우리가 그리스도로부터 수동적으로 받는 선물이면서 곧이어 우리가 그리스도에게 능동적으로 드리는 선물이 된다. 우리에게 신실하신 주님을 향해 우리도 신실한 존재가 되어 간다. 믿음을 인지적 차원으로 오해하면 행위와 대조하는 실책을 범하게 된다. 그러나 믿음을 관계적 차원으로 이해하면 행위가 내재되어 있음을 알게 된다. '피스티스'에는 "능동(신뢰함)과 수동(신뢰를 받음)"의 양면이 공존한다는 테레사 모건(Teresa Morgan)의 논증에서, "그리스도는 하나님께 신실한 분이자 하나님의 신뢰를 얻기 충분하신 분이며, 인류가 신뢰할 만한 분으로서 신뢰하는 자들(믿는 이들)을 의로움으로 이끄시는 분"으로 다가온다.[7]

『메시지』의 저자 유진 피터슨은 갈라디아서의 '의롭게 하다'(δικαιόω, '디카이오오')를 "하나님과 올바른 관계가 되는 것"이라고 풀어낸 바 있다.[8] 그런데 '의롭게 하다'에는 '의롭다고 여기다'라는 뜻도 있지만 '의롭게 만들다'라는 뜻도 있다. 실제로 교회 역사를 보면 루터는 의롭다고 여기는 쪽에 서 있고 아우구스티누스는 의롭게 만드는 쪽에 서 있다. 전자는 프로테스탄트 진영의 법정적 의의 토대가 되고 후자는 로마 가톨릭 진영의 실제적 의의 토대가 된다. 물론 루터와 아우구스티누스는 의의 출처가 그리스도라는 사실을 공유한다. 하지만 루터는 여전히 신자들 외부에 의를 두었고 아우구스티누스는 의가 신자들 인격의 일부가 되었다고 보면서 내부에 두었다.[9]

그렇다면 칼뱅은 어땠을까? 루터와 아우구스티누스의 중도에 서 있는 모양새다. 개혁신학자 토드 빌링스(Todd Billings)에 따르면, 칼뱅은 "사람은 믿음의 선물을 통해 첫 번째 은혜인 칭의 안에서 그리스도를 소유한다. 신자들은 믿음으로 그리스도를 붙잡으면서 놀라운 교환을 통해 새로운 정체성을 부여받는다. 그러므로 신자들은 칭의 안에서 성령에 의해 새로운 피조물로, 성부에게 입양된 자녀들이 된다"고 생각한다. 여기까지는 루터와 이중주를 이루는 부분이다. 하지만 칼뱅은 다음과 같이 아우구스티누스와도 이중주를 이어 간다. "첫 번째 은혜에서 단순히 법적 결정(판결)에 대해 말하는 것이 아니라, 그리스도와의 연합을 통해 존재하고 행동하는 새로운 방식으로 들어감에 대해 말하고 있다."[10] 그리스도의 의로움은 우리 외부에만 있지 않고 우리 내부에도 활성화되기 시작한다는 의미다. 그렇기에 칼뱅은 신자가 "하늘 아버지의 선의를 인식하면서 타락 이전에 아담이 지녔던 경건함이 회복되는 것", 다시 말해 성화에 더욱 주목했다.[11] 그리스도와 연합되는 구원으로 받은 이중 은혜, 즉 칭의의 선물과 성화의 선물이 서로 구분되나 분리되지 않는다는 그의 통찰은 바울이 사용하는 동사 '의롭게 하다'의 양면을 모두 회복하면서 루터와 아우구스티누스를 절묘하게 아우르는 균형 잡힌 면모를 보여 준다.

모태 이슬람 신자였던 나빌 쿠레쉬(Nabeel Qureshi)는 그의 회심기에서 왜 코란이 아니라 성경을 하나님의 말씀으로 선택했는지 다음과 같이 고백한다. "나는 마음을 다해 계속 읽어 내려갔다. 의에 주리고 목마른 자는 복이 있다? 의로운 자는 복이 있다가 아니라 의에 주리고 목마른 자는 복이 있다고? 나는 의에 주리고 목이 마르지만 거기에 다다를 수는 없다. 하나님께서는 그런데도 내게 복을 내리신다? 내 모든 실패에도 불구하고 이토록 나를 사랑하시는 하나님은 누구신가?"[12] 바울의 갈라디아서는 어떤 인간도 의롭지 않음을, 그리스도 외에 다른 방도로는 의로울 수 없음을, 목마른 사슴처럼 의에 주리고 목마른 우리에게 베풀어 주시는 그리스도의 의가 아니고는 의롭게 여겨질 수도 의롭게 만들어질 수도 없음을 알려 준다.

## 바닥의 교환, 미나리 복음

오스카 수상작 <미나리>는 삶의 바닥에서 의에 주리고 목마른 인생에게 다가오는 그리스도의 의가 무엇인지 깊이 묵상하게 한다.

영화는 1980년대 미국 아칸소주로 이주한 한인 가정을 배경으로, 남편 제이콥과 아내 모니카 사이의 갈등을 통해 인간이 스스로의 의로움에서 벗어나지 못하는 한계를 보여 준다. 그러나 외할머니 순자의 조건 없는 사랑과 희생을 통해, 그들이 쌓아 올린 의의 체계는 무너지고, 모든 것이 무너진 바닥에서 비로소 가족은 다시 이어진다. '빈들에 마른 풀 같은' 이 가정의 구성원들에게 '옳음'은 제각기 달랐다. 아빠에겐 성공이, 엄마에겐 안전이, 딸에겐 선택이, 아들에겐 건강이 먼저였다.

어떤 것이 '쓸모 있는 삶'인지 각자 소견대로 주장하며 매사에 부딪히던 온 가족이 한계에 봉착하자 그들 밖에서(extra nos) 외할머니 순자가 메시아 역할로 찾아온다. 손자 데이빗에게 쿠키도 만들 줄 모르는 '할머니 같지 않은 할머니'는 '메시아 같지 않은 메시아'로 오신 나사렛 예수를 닮았다. 그나마 할머니가 처음에 (공생애 시절 주님처럼) 어느 정도 쓸모 있는 할머니였을 때는 오히려 사위와 딸이 도무지 화해할 줄 모른다. 자신이 옳다고 믿는 관점을 상대에게 강요하기 일쑤다. 나의 의와 너의 의가 부딪힐 때, 철이 철을 날카롭게 하는 것같이 사람이 그의 친구의 얼굴을 빛나게 한다는 잠언 기자의 말과 달리 서로의 얼굴은 점점 흙빛이 되어 간다.

그러던 어느 날 할머니는 '꿈에서 천국 안 봐도 돼' '내 새끼 아무도 못 데리고 간다' 하며 손자를 꼭 껴안고 자는데, 아침에 일어나 보니 그녀는 뇌졸중으로 반신불수가 되어 있고 손자의 심장은 (나중에 병원에 가 보니) 그즈음 낫기 시작한 것이 아닌가. 영화 <막달라 마리아: 부활의 증인>에서 예수님이 고쳐 주실 때 병자의 질환을 본인에게 옮겨 놓으시면서 낫게 하던 방식을 무척이나 닮았다. 바로 여기에 복음의 미나리가 숨어 있던 것 아닐까 싶다. 루터는 의인 줄 알았으나 실상은 죄였던 나의 허물을 가져가시고 대신 그리스도의 의로 바꿔 주시는 구원을 가리켜 "놀라운 교환"(wonderful exchange)이라 명명한 바 있다. 아칸소주에 'Minari 원더풀'이 있다면 비텐베르크에는 'Gabe 원더풀'이 있었던 모양이다.

신학자 이정용에 따르면 "그리스도는 자신이 가졌던 모든 것을 포기함으로써 주변성 중에서도 주변이 되었다."[13] 시쳇말로 쓸모없게 되어 버린 할머니, 주변인 가정에서도 주변이 되어 버린 할머니의 하룻밤 실수로 농작물 창고는 전소되고 만다. 하지만 창고의 결실을 어떻게 사용할지를 놓고 다투던 부부는 오히려 아무것도 남지 않은 마룻바닥에 온 식구가 함께 눕는 상황이 되어서야 내가 옳다 네가 옳다며 자기 의를 내세우는 고집을 꺾는다. 그들은 바닥에서 서로 다시 이어진다. 칼 바르트의 말처럼 "하나님은 우리를 해체하고 지양하심으로써 우리의 근거를 새롭게 마련하신다. 그분은 우리를 죽이심으로써 우리를 살리신다.…어쩌면 이미 충분히 분해되고 해체되고 구멍이 난 세상이라서 하나님의 긍휼하심에 더욱 가깝고, '하나님 나라'가 활짝 피어난 곳보다도 더 신뢰가 가는 세상일 수 있다."[14] 그런 마지막 장면을 물끄러미 바라보고 있노라니 신학자 스탠리 하우어워스(Stanley Hauerwas)의 기도가 떠오른다.

> 누군가의 희생을 통해 우리의 삶이 선물이 될 수 있음을 일깨워 주소서. 당신께서 우리에게 주신 생명과 삶은 내가 얻기 위해서는 다른 이는 잃어야만 하는 제로섬 게임이 아니라는 것을 알게 하소서. 희생한다고 해서 자신을 잃는 것이 아니며 그로 인해 사랑이 소진되지도 않음을, 오히려 사랑이 [미나리처럼—저자 추가] 자라남을 깨닫게 하소서.[15]

반면에 모두가 자아도취에 빠져 자기 생각과 행동에 기반을 둔 공로를 주장할 때, 그리스도의 십자가 의는 '쓸모없는 것' 인 양 취급된다. 하지만 '두 세계를 모두 넘어섬으로 두 세계 모두를 살아가게 하는 것'은 나의 의도 너의 의도 아닌 그리스도에게서 선물로 받은 공동의 의로움밖에 없다. 그것이 할머니가 가져오신 미나리 씨앗의 복음이다. 마찬가지로 갈라디아 교회에 자유의 삶을 안겨 주신 그리스도께서 가져오신 복음은 아무 데서나 잘 자라는 미나리, 어디에나 잘 어울리는 원더풀 미나리다.

"아이고 미나리가 잘 자라네. 미나리는 이렇게 아무 데서나 잘 자라. 그래서 누구든지[유대인이나 이방인이나] 다 뽑아 먹을 수 있어. 부자든 가난한 사람이든 다 뽑아 먹고 건강해질 수 있어. 미나리[복음]는 김치[예루살렘]에도 넣어 먹고 찌개[고린도]에도 넣어 먹고 국[갈라디아]에도 넣어 먹어. 아플 땐 약도 되고, 미나리는 원더풀이란다. 원더풀!"

미나리는 유대인과 이방인 모두에게 적응하고 녹아드는, 그래서 좋은, 마침내 모두에게 옳은 것이 되어 주는, 무엇보다 누구나 쉽게 구해 먹을 수 있는 떡과 포도주다. 그래서 미나리와 순자에게서 우리는 누구도 배제하지 않고 포용하며 온 식구를 바르고 풍성하게 만들기 위해 초대하시는 주님의 의로운 초상을 본다. 할머니가 오기 전 모두 자기 의에 묶여 노예처럼 살던 삶이 할머니가 온 후에 이런저런 우여곡절을 거치긴 해도 끝내 단순한 미나리처럼 자유롭게 사는 생명의 삶으로 변모되는 여정은, 감독이 갈라디아서에 나오는 율법과 복음의 대조 구도를 참작한 게 아닐까 싶을 정도다. 갈라디아 교회에도 아칸소주 농장에도, 인간의 의가 떨어지는 땀방울에 불과했을 때 주님의 의는 쏟아지는 단비와 같지 않던가!

> 주여. 때가 왔습니다. [율법의] 여름은 참으로 길었습니다.
> [복음의] 마지막 과실을 익게 하시고,
> 이틀만 더 남국의 [의로운] 햇볕을 주시어
> 그들을 [의롭게] 완성시켜 마지막 단맛이 짙은
> [하나님 나라의] 포도주 속에 스미게 하십시오.
> (라이너 마리아 릴케)

# 가난

예수께서 눈을 들어 제자들을 보시고 이르시되

너희 가난한 자는 복이 있나니

하나님의 나라가 너희 것임이요.

(눅 6:20)

17세기 프랑스 철학자 블레즈 파스칼(Blaise Pascal)에 따르면, 우주의 모든 것은 인간에게 그의 위대함이나 비참함을 가르친다.[1] 지속되는 글로벌 경제의 불확실성과 지정학적 갈등으로 인한 세계적인 경제 위기는 지역, 계층, 세대를 막론하고 사람들을 극심한 고통으로 몰아넣은 채 인간에게 비참이 무엇인지 매섭게 가르치는 중이다. 하지만 돌아보면 역사 이래 인간의 일생은 누구나 통과해야 하는 가난하고 불안한 나날의 연속이었다. 하나님은 어째서 인간에게 재난과 더불어 가난을 가져다주시는 걸까? 이 비밀을 간직한 산상수훈을 유진 피터슨은 『메시지』에서 다음과 같이 풀어낸다. "벼랑 끝에 서 있는 너희는 복이 있다. 너희가 작아질수록 하나님과 그분의 다스림은 커진다"(마 5:3). "모든 것을 다 잃은 너희는 복이 있다. 그 때에야 너희는 하나님 나라를 찾게 될 것이다. 굶주림에 지친 너희는 복이 있다. 그 때에야 너희는 메시아의 음식을 먹을 준비가 된 것이다. 하염없이 눈물 흘리는 너희는 복이 있다. 아침이 되면 기쁨을 맞게 될 것이다"(눅 6:20-21).

## 작아질수록 커지는 나라

피터슨의 번역은 자칫 성경이 가난을 미화하는 것처럼 오독하지 않도록 도와준다. 주님도 이 땅에서 배고픔과 갈증과 피로와 거절이라는 다양한 가난을 철저히 겪으셨다. 하지만 가난을 이상화하거나 찬양하지는 않으셨다. 다만 가난에는 겸손과 용서와 사랑과 연대를 통해 하나님 나라로 이끄는 어떤 신비가 있음을 알려 주신다. [이와 관련해 개혁가 칼뱅(Calvin)은 부유한 삶은 복이고 가난한 삶은 저주라는 식의 통속적 견해를 반박하며 둘 다 나눔과 인내를 보시는 하나님의 테스트일 뿐임을 환기한다.[2] 신학자 자크 엘륄(Jacques Ellul)도 부자는 하나님이 필요 없다는 자급자족과 교만의 유혹에, 가난한 자는 도둑질과 하나님에 대한 원망의 유혹에 빠질 수 있다고 경고한다.][3] 무엇보다 주님이 실제 인간이 되어 가난과 고통을 겪으신 데는 구원론적 함의가 있다. "예수는 친히 시험을 받기 전까지는 시험을 이긴 것이 아니며 죽음을 취하기 전까지는 죽음을 치유한 것이 아니"라는 신학자 캐스린 태너(Kathryn Tanner)의 고백은 주님이 친히 가난을 겪기 전까지는 가난을 치유하지 않으신 것임을 암시한다.[4] 교부 나지안조스의 그레고리우스(Gregorius)의 말처럼 주님은 "자신이 취할 수 없는 것은 치유하지 않으셨다."[5] 주님이 가난의 삶을 취하신 이유는 가난을 미화하기 위해서가 아니라 가난을 치유하기 위해서였던 것이다.

그런데 복음서에 사용된 '가난'을 지칭하는 용어가 생계를 유지하기 위해 노동하지 않으면 안 되는, 스스로 돕지 않으면 아무도 도와주지 않는 노동자의 고단한 일상을 가리키는 '페네스'(πενής)가 아니라, 누군가에게 무릎을 꿇지 않으면 안 되는 절대적 극빈에 해당하는 '프토코스'(πτωχός)라는 점은 의미심장하다. (이는 하나님 앞에 자신을 의지할 데 없는 걸인과 같은 존재로 드러내며, 탄원하는 사람들의 '빈곤'을 가리키는 히브리어 '아니'(עני)에 해당한다.) 십자가의 자리에까지 내려가신 주님처럼 절대적으로 가난해진 마음이 아니고서는 결코 만날 수 없는 하나님의 성소가 따로 있다는 의미일 것이다.

## 가장 낮은 곳의 성소

중세 유럽은 민중이 대부분 최소한의 인간 존엄성을 지키기에도 버거울 정도로 극심한 가난에 시달렸다. 그래서인지 라틴어에는 가난을 가리키는 단어가 다양하다. 물질적 가난(*pauper*), 건강이나 신체적 결함(*tabidus*), 형편없이 뒤틀린 성품이나 외모(*deformis*), 배고프고 목마른 처지(*pravitas*), 지금 좋지 않은 어떤 형편(*ieiunus*), 의복도 없는 헐벗음(*nudus*), 사색의 결핍(*inanus*) 등. 복음서에 따르면, 육신의 가난에는 심령의 가난함을 드러내는 신비로운 능력이 있다. 육신이 가난하면 자신의 영적 가난의 깊이를 절감하면서 그리스도께 이끌리게 되고, 그런 경우라야 은혜를 진정으로 사모하게 된다. 하나님은 인간이 자신의 비참과 하나님의 자비를 동시에 느끼면서 그리스도를 알게 하신다. 영적 가난은 인간성, 지성, 의지가 부족하다거나 무욕의 삶을 영위한다는 말이 아니다. 사람에게 아무것도 없는 가난이 아니라 꼭 있어야 할 것이 없는 가난을 말한다. 예를 들어, 집 안에 아무리 좋은 물건이 가득해도 집을 나간 자녀가 돌아오기 전까지, 부모는 절대 가난, 즉 '프토코스'를 느낄 수밖에 없다. 인간은 누구나 자기에게 꼭 있어야 할 그 무엇이 없다는 것을 깨달을 때 비로소 절대자를 찾는 사다리에 발을 올려놓는다.

영적 가난이란 하나님 앞에서는 내가 물동이에 떨어지는 한 방울의 물처럼 전혀 중요하지 않다는 사실을, 내게 꼭 있어야 하는 대상은 세상 그 무엇보다 하나님이심을 깨닫는 것이다. 그래서 교부 아우구스티누스(Augustinus)는 (누구나 어느 면에서는 부자라고 할 수 있는) 인간이 자신의 비참에 대해 아무것도 모를 때 가장 비참하다고 말했다.[6] 사람은 지성, 권력, 외모, 체력, 인기, 재물, 도덕성 등 외적 환경에 의존할 수밖에 없는 육신의 가난을 통해 의지할 만한 것을 가지고 있다고 여기는 자기 의(義)가 산산이 깨어질 때에야 비로소 하나님께로 방향을 돌리게 된다. 그것이 바로 회개가 의미하는 바다. 그리하여 영혼은 단순하고 깨끗해지며, 순전하고 진실한 삶이 시작된다. '본래의 무지'에서 '현명한 무지'로 건너간다. 재난을 통해 가난과 역경을 겪으면서 인간은 인간이 되고 하나님은 하나님이 되신다. 지상에서 우리를 도울 최후의 원조가 끊길 때, 사람은 비로소 하늘 아버지의 권능과 약속을 의지하기 마련이다. 실패했다는 자기 고백이 오히려 인간 한계에 대한 존엄한 인정이 될 수 있다. 신학자 볼프하르트 판넨베르크(Wolfhart Pannenberg)의 말처럼, 인간에게 닥쳐올 수 있는 어떤 상황의 굴욕을 통해서도 없어지지 않는, 하나님과의 연합이라는 규정이 인간에게 부여하는 궁극의 존엄성을 다시 확인하게 된다.[7] 이러한 차원에서 가난은 저주가 아니라 복이 된다.

신학자 폴 틸리히(Paul Tillich)는 "가지고 있으나 가지지 못함"(having and not having)이라는 실존 형식이 무수한 인간적 비극의 뿌리라고 갈파한 바 있다.[8] 사람이 만약 본래부터 무언가를 가진 something이라면, 하나님의 영광을 위해 사람이 존재한다는 웨스트민스터 신앙고백은 거북하게 들릴 수 있다. 그러나 사람이 가진 것처럼 보였지만 실제로는 갖고 있지 않았던 nothing이라면, 아무것도 아닌 자신이 하나님의 영광을 위한 something이 될 수 있다는 사실은 놀라운 감사를 불러일으킬 것이다. 파스칼의 말처럼, 자신이 비참하다는 것을 안다는 점에서 인간은 위대하다. 산상수훈의 팔복이 말하는 가난은, 사람이 육신의 가난과 역경을 통해 본래 nothing이었던 자신의 실상을 정확히 깨우치고 하나님의 영적 채우심으로 그분 안에서 something이 되게 하시려는 깊은 섭리를 알려 준다. 사람이 외적 허상에 근거하여 가치를 거꾸로 매긴 것을 주님이 내적 실상에 근거하여 바로잡으신 것이다. 누가 정말로 가난하고 누가 정말로 부유할까? 찰스 스펄전(Charles H. Spurgeon)은 이렇게 답한다. "은혜 안에서 가장 낮은 자가 본성 안에서 가장 큰 자보다 높다. 가장 연약하고 가난한 사람이 모든 들짐승 중에서 가장 강한 것보다 고상하다. 가장 작은 다이아몬드가 가장 큰 자갈보다 비교할 수 없이 훨씬 가치가 있다."[9]

이런 의미에서 복음서의 단어 '프토코스'는 물질적 자선의 대상인 가난한 자들만을 가리키지 않고 하나님 나라의 상속자, 즉 의지할 데 없어 하나님의 자비를 바라는 영적으로 가난한 백성 모두를 지칭한다. 하나님 나라는 자기 지식이나 실력을 신뢰하지 않는, 작고 의지할 데 없는 어린아이 같은 이들에게 차별이나 구분 없이 주어지는 은혜의 선물이다. 교부 암브로시우스(Ambrosius)는 마음이 가난할 때 모든 죄를 밀쳐낸다고, 죄에서 가난한 사람은 행복하기 마련이라고 말한다.[10] 사회경제적 지위뿐 아니라 하나님 앞에 서 있는 인간의 근원적인 위치를 가리킨 복음서의 가난은 빈곤과 박해의 시대를 살아내야 했던 초대교회 성도를 깊이 위로하는 메시지이기도 했다. 가난한 자에게 더 마음이 쓰이시는 하늘 아버지의 심정을 잘 아시는 그리스도는, 성령과 호혜적인 관계를 통해 행위자와 매개자의 역할을 교차하면서, 가난한 자에게 치유와 생명의 선물을 먼저 좋은 소식으로 베푸신다.

개혁가 루터의 "놀라운 교환"(wondrous exchange)에 따르면, 그리스도는 나의 가난을 가져가시고 대신 그분의 부요를 주신다. 이 세상 누가 이런 교환을 해준단 말인가? 주님은 나의 더러운 것, 약한 것, 모자란 것을 가져가시고 그분의 깨끗한 것, 강한 것, 넘치는 것으로 바꾸어 주신다. 그리스도께서 하나님께 충족을 드렸기에 하나님은 우리에게 용서를 주실 수 있게 된 것이다. 헤르만 바빙크(Herman Bavinck)는 그리스도께서 "절대적이고 번복될 수 없고 영원한 용서에 대한 보증이 되신다"고 말한다.[11] 하나님 나라는 심령이 가난한 모든 자를 위한 것이지 율법을 지키는 유대인을 위한 것이 아니라는 말이다. 이러한 주님의 선물 교환 시스템에 들어온 마음이 가난한 성도들은 서로에게 그리스도의 선물(Gabe)이 되어 주는 베풂과 용서와 사랑의 공동체가 된다. 그리고 인간 이하의 삶을 살아가는 비참하고 가련한 자들까지 포용하는 정의와 자비의 방식으로 하나님의 통치를 드러내며, 세상의 방식을 뒤집고 넘어서고 제대로 바로잡는 대안 공동체의 과제(Aufgabe)를 지닌다.

## 가난으로 빚어내는 공동체

그래서일까? 교회는 가난을 통해 영적 생명이 새로워지곤 했다. 역경은 교회의 영적 필요가 무엇인지 그리스도인에게 알게 하는 사이렌 역할을 해 왔다. 가난과 역경이 교회를 갱신해서 하나님의 은혜를 받도록 준비한 것이다.

서울로 돌아와 개척교회를 섬기던 어느 날, 한 여교우께서 세 번째 암 발병(삼발) 소식과 함께 깊은 절망에 빠져 있었다. "목사님, 저 살고 싶어요. 아이들이 아직 어려요. 정말이지 살고 싶어요…" 하지만 그분은 이미 마음과 몸이 지칠 대로 지쳐 수

술조차 감당할 수 없을 정도였다. 나는 아무런 도움도 주지 못하는 자신을 탓하며 이렇게 말씀드렸다. "집사님, 마지막으로 한 번만 더 힘을 내 보세요. 수술받으시는 동안, 제가 3일 금식기도라도 해볼게요." 그러자 그분의 눈빛이 반짝였고, 그분은 다시 수술을 받겠다고 결심했다. 그리고 걱정했던 수술은 잘 마무리되었고, 감사하게도 그 뒤로 암은 다시 찾아오지 않았다.

개척교회는 교인이 적다. 그래서 가능한 은혜가 있다. 어떤 성도가 위기의 순간을 맞으면, 목사인 나는 하루든 사흘이든 한 끼라도 금식하며 기도할 수 있었다. 미국에서처럼 개척 초기에 교인이 빠르게 늘고 돌봐야 할 이들이 넘쳐났다면, 과연 그럴 수 있었을까? 그러면서 나는 알게 되었다. 작다는 것, 가난하다는 것이 오히려 더 깊은 사랑의 길로 인도하시는 하나님의 방식일 수 있다는 것을.

역사를 돌아보아도 교회는, 자발적이든 아니든, 가난을 통과하는 시절에 죄로부터 순수해지고 하나님 나라 사명을 담아낼 깨끗한 그릇으로 변모하곤 했다. 교회의 약함 속에서 하나님의 능력이 온전해졌다. 그러고 보면 가난과 역경은 교회가 주님의 몸이 되기 위한 표지와도 같다. 교회가 가난과 역경을 거쳐야만 점점 그리스도의 형상으로 빚어질 테니 말이다. 화려한 장식과 예식과 지나친 허영에 물들었던 지난날을 회개하고 단순한 복음과 사랑을 겸손히 이웃과 나누는 공동체가 될 때, 그리스도의 영적 능력은 가시적으로 모두에게 드러나고 하나님의 은혜가 세상에 충만히 임한다. 그러니 교회는 자발적이고도 꾸준히 가난함을 상실하지 않는 편이 좋다. 하나님이 허락하신 고난과 역경을 기뻐함으로 견디며 인내하는 가운데 주어지는 선물을 이웃과 나눌 때, 이 어두운 세상에서 많은 이를 옳은 데로 돌아오게 하는 밤하늘의 별이 될 테니 말이다. 세상은 사랑이 밥 먹여 주냐고 가난한 자들을 조롱했어도, 하나님 나라는 결국 사랑만이 (생명의) 밥을 먹여 준다는 진리를 작은 자들을 통해 보여 주었다.

# 한계

> 너는 말씀을 전파하라
> 때를 얻든지 못 얻든지 항상 힘쓰라
> 범사에 오래 참음과 가르침으로 경책하며 경계하며 권하라.
>
> (딤후 4:2)

## 좁아지는 길에서 피어나는 것

처음 신학교의 문을 두드리던 시절, 사역에 대해 나름대로 상상했던 그림이 있었다. 세상의 빛과 소금 역할을 감당하고 싶었는데, 현실은 시간이 흐르면서 정작 내게 주어진 삶에 예상했던 것보다 훨씬 다양한 '한계'가 얽혀 있다는 사실에 당황하기 일쑤였다. 기회의 한계, 관계의 한계, 건강의 한계, 재정의 한계, 지식의 한계, 무엇보다 나 자신의 인격과 신앙의 한계는 내 맘을 하루에도 몇 번이나 짓누르곤 했다. 내가 열심히 하면 다양한 관문과 적지 않은 선택지가 열릴 거라고 여겼는데, 운신의 폭은 생각보다 빨리 좁아졌다. 그래서일까? 대다수 그리스도인에게 "나를 넓은 곳으로 인도하시는"(시 18:19) 하나님은 좀처럼 만나기 힘들다. "내게 줄로 재어 준 구역"(시 16:6)이 날이 갈수록 "아름다운 곳"(시 16:6)과 거리가 멀어져 가는 것만 같다. 한국 교회의 대사회적 이미지가 추락하고 팬데믹까지 겹치자, 목회자와 평신도 모두가 사실상 '한계령'(寒溪嶺, 차가운 시내) 앞에 다다른 나그네 심정이었다.

> …저 산은 내게 내려가라 내려가라 하네. 지친 내 어깨를 떠미네. 아, 그러나 한 줄기 바람처럼 살다 가고파. 이 산 저 산 눈물 구름 몰고 다니는 떠도는 바람처럼. 저 산은 내게 내려가라 내려가라 하네…. (하덕규)

어딜 가나 녹록지 않은 상황이다. 선택지가 줄어들면 대개는 선택지를 다시 넓혀 보려 애쓰게 마련이다. 그런데 정말 선택지가 다시 넓어지는 것만이 정답일까? 애슐리 헤일스(Ashley Hales)는 『작아서 아름다운』(*A Spacious Life*)에서 그렇지 않다고 단언한다. "양념이 너무 많으면 고르기 어렵듯이, 멋진 삶에 필요한 것도 더 많은 선택지가 아니다. 그것이라면 오히려 줄어도 좋다. 우리에게 필요한 것은 지침과 길잡이다. 앞길을 보여 줄 적절한 난간이다." 그렇다면 도대체 무엇이 우리 인생과 사역의 길잡이란 말인가?

그건 다름 아닌 '한계'(limitation)다. '나의 한계에서 나만의 독특한 길이 열리는'[2] 까닭에, 하나님도 우주를 창조할 때 한계를 정하셨음을 기억할 필요가 있겠다. 창세기 1장을 펴자마자 해와 달, 하늘과 땅, 땅과 바다, 낮과 밤을 구분하는 각종 경계선이 그어지지 않던가! 그런데 이러한 우주의 온갖 한계는 하나님 스스로 정하신 자기 비움을 비추는 거울을 닮았다. 본래 "창조는 하나님의 자기 비움(κένωσις, '케노시스')의 행동"으로, "일종의 신적인 자기 비움, 자기 비하 또는 자기 제한"이다.[3] 하나님은 "창조된 타자가 존재하고 행동하는 것을 허용"하기 위해 "자기 능력을 일부러 제한하셔서 피조물에 작용하는 인과관계적 공간을 허용"하신다.[4] 그래서 어쩌면 창세기 1장은 하나님이 자기 비움을 닮은 우주의 각종 "한계를 지으시니 그 한계가 하나님 보시기에 심히 좋았더라"[5]라고 들리는 것 같다.

### 한계, 알고 보니 자유의 문

그래서일까? 애슐리는 한계 상황 안으로 들어가서 예전보다 좀 작아지라는 초대야말로 가장 좋은 초대라고 덧붙인다. 어째서 그녀는 무한한 선택의 바다보다 제약이 많은 한계 상황을 심히 좋다고 말하는 걸까? 그 이유는 그러한 제약만이 내가 꼭 가야 할 길을 뚜렷하게 보여 주고, 꼭 만나야 할 사람을 만나게 하고, 마쳐야 할 일을 제때 마치게 하기 때문이라는 것이다. 로마 제국처럼 커지려는 길은 우리를 끝도 없이 '바쁘게 쫓기는 삶'으로 몰아가겠지만, 주님처럼 기꺼이 작아지려는 길은 나니아의 옷장처럼 우리에게 주어진 소명을 찾게 해 줄 '하나님의 작고 충실한 이야기' 속으로 인도한다. 한계의 문이 알고 보니 자유의 문이었던 셈이다.[6] 『해리 포터』의 작가 J. K. 롤링은 하버드대학교 졸업 축사에서 자유의 문이 되어 준 이 한계의 문을 언급한 적이 있다.

> 저는 대학 졸업 후 7년 만에 어마한 실패를 경험했습니다. 유난히 짧은 결혼 생활은 파탄이 났습니다. 직장도 없었고, 편모였으며, 노숙자를 제외하고는 영국에서 가장 극빈층이었습니다. 제 인생의 그 시기는 어두웠었지요. 하지만 제가 다른 어떤 것에 성공했다면, 저는 제가 정말로 속한 한 분야에서만 성공하겠다는 결심을 하지 못했을 수도 있습니다. 저는 자유로운 기분이 들었습니다. 그래도 저는 여전히 살아 있었으며, 여전히 사랑하는 딸이 있었고, 낡은 타자기와 훌륭한 아이디어가 있었기 때문이죠.[7]

디모데후서 4장은 바울에게 일생 중 최고도의 한계 상황이 거미줄처럼 그를 둘러싸던 때 쓰였다. 넓은 곳이 아니라 좁은 곳, 따뜻한 양지가 아니라 차가운 음지, 많은 동역자가 아니라 누가 한 사람만 남아 있다. 바울처럼 전도자의 길을 걷다 보면 경험하는 일들이 있다. 그것은 가까이 다가오는 사람보다 거리를 두는 사람이 더 많다는 것이다. 교회 사역뿐 아니라 세상 일터에서도 사정이 그리 다르지 않을 것이다.

바울처럼 우리는 두기고를 닮은 동료를 만난다. 함께 사역하다 멀리 떠나 늘 그리운 친구. 바울처럼 우리는 데마를 닮은 사람도 만난다. 동역자를 헌신짝처럼 버리고 떠나가 버린 이들. 이것이 관계의 한계 전부라면 그나마 견뎌 보겠지만, 문제는 바울 곁을 떠나지도 않으면서 지척에서 해를 입히는 구리 세공업자 알렉산더 같은 존재도 만날 수 있다는 사실이다.

그렇다면 어째서 하나님은 바울을 누가만 남아 있고 모두 떠난 한계 상황, 그가 처음 법정에서 변론할 때 그와 함께한 자가 하나도 없고 다 그를 버렸던 한계 상황, 이젠 감옥에서 마지막 순교를 기다리는 한계 상황으로 밀어 넣으신 걸까? 그건 단 한 사람, 디모데에게 편지를 쓰도록 하기 위함이었다. 모두를 떠나가게 하심이 디모데 한 사람을 만나게 하시려는 치밀한 초대장이었다. (하긴 마르틴 부버식으로 말하자면, 지금 내 곁에서 나를 '그대'라 불러 주는 단 한 사람이 있다는 말은 예전에 누군가가 나를 '그것' 취급하며 떠나 버렸기 때문 아니던가!)

동역자들이 얼마라도 남아 있었다면, 그래서 할 일이 더 있었다면, 바울이 이렇게 급박하게 디모데에게 서신을 띄워야 했을까? 꼭 그해 겨울 전에 오라고 전보를 치지 않아도 되었을 것이다. 하지만 극한의 상황은 지난 2천 년 동안 세계 교회에 막대한 도움을 주었던 디모데에게 보내는 둘째 서신이 탄생되는 계기를 낳았다. 그래서였을까? 편지 말미에 주님이 허락하신 이런저런 한계 상황의 신비를 바울이 한껏 맛보는 대목이 나온다. "때를 얻든지 못 얻든지 항상 힘쓰라"(딤후 4:2).

## 아카이로스? 유카이로스!

여기서 "때를 얻든지"는 기회가 좋든지(εὔκαιρος, '유카이로스'), "때를 못 얻든지"는 기회가 나쁘거나 아예 기회가 없든지(ἄκαιρος, '아카이로스')라는 의미다. 여기서 유카이로스, 즉 좋은 기회는 제한하는 방해 요소들이 없는 상황이니 얼핏 좋아 보인다. 반면에 아카이로스, 즉 나쁜 기회는 해보고 싶지만 아예 기회 자체가 주어지지 않으니 외견상 좋지 않아 보인다. In season and out of season! 지금이 내 시즌이면 얼마나 좋을까? 무대에서 주연 역할을 맡을 수도 있을 테니 말이다. 그러나 내 시즌이 아니라면 무대에서 조연 역할도 맡기 어려울 것이다. 그런데도 바울은 자기가 깨달은 일체의 비결을 디모데에게 꾹

꾹 눌러 쓴다. 지금이 유카이로스냐 아니냐에 너무 신경 쓰지 말라는 것이다.

에리히 프롬(Erich Fromm)은 시간을 소유의 양식이 아니라 존재의 양식으로 대하라면서 이렇게 당부한다. "항상 힘쓰라"('에피스테디'). 이는 '늘 가까이 있으라'는 뜻이다. 말씀을 전하는 일에 늘 '가까이' 있고 싶다면, 다른 무엇보다 말씀을 늘 '가까이'해야 한다는 의미다. 말씀을 전할 기회를 얻지 못한다 해서 말씀을 소홀히 하면 안 된다는 의미다. 기회가 없는 한계 상황을 무기력의 구실로 삼지 말고 칼뱅의 당부처럼 "끈질기고 억척같이"(constancy and earnestness) 말씀을 더욱 가까이하고 있으라는 의미다.[8]

오히려 사역의 기회가 없는 아카이로스 시절의 한계가, 내가 복음의 비밀을 깊이 깨닫는, 생각지 않은 계기가 되어 훗날 전도자로 새롭게 태어나는 유카이로스 시절로의 초대장일 수 있기 때문이다. 복음을 얼마든 전할 수 있는 시절에는 전도자도 결신자도 사방에 넘치니 사람들이 전도에 그다지 목마르지 않다. 하지만 복음을 전하고 싶은데 그러기 쉽지 않을 때, 사람들은 복음에 더욱 목마르게 된다. 전도자도 결신자도 희귀하니 말이다. 하지만 아카이로스 시절에 전해지는 메시지는 더욱 강력할 수 있다. 목회자에게는 설교 준비가 잘 되는 날도 있지만 정말 어려운 날도 있다. 그렇더라도 설교 준비하는 일을 더욱 가까이해야 한다. 이는 세상의 모든 일에 적용되는 원리다. 피아니스트에겐 연습이 잘 되는 날도 있지만 어려운 날도 있다. 그렇더라도 피아니스트는 항상 피아노 옆에 붙어 있어야 한다.

유진 피터슨은 젊은 시절 "새로운 교회를 개척하라고 파송받은 상태에서 교인이 하나도 없는 교회의 목회자였다. 그리고 아직 한 권의 책도 출간하지 못한 작가였다. 그의 상태에 꼭 맞는 사역지도 그의 소명에 적합한 일도 없었다." 피터슨은 생존 인물들 가운데 길을 알려 줄 멘토를 찾아보려 했으나 허사였다. 그는 어떤 한계를 느꼈다. 그러고는 아주 독특한 결정을 내린다. "일주일에 사흘, 오후의 두 시간을 FD와의 만남으로 표시했다. 그 이후 7개월 동안 도스토옙스키 전집을 모두 읽었다. 어떤 책은 두 번씩 읽기도 했다. 화요일, 목요일, 금요일 오후 세 시부터 다섯 시까지 서재에서 그를 만나 죄와 벌, 지하 생활자의 수기, 백치, 미성년, 악령, 카라마조프 씨네 형제들과 같은 작품들을 통해 그와 한가롭게 대화를 나누었다. 하나님에 대한 열정으로 충만했던 한 위대한 인물을 만나느라 여러 날의 오후를 쏟아 넣었다.

그러자 어느덧 소명의 위기가 물러갔다. 그 덕분에 하나님에 대한 열정이 적어도 소명에 관련된 부분에서는 위험에 직면하지 않게 되었다."[9] 그렇게 죄로 얼룩져 허물투성이에 악하기 짝이 없지만 가련하기 이를 데 없는 온갖 인간 군상들의 존재

심연을 밑바닥까지 긁어낸 대작들을 성경과 부딪쳐 가며 독파하던 일을 끝낼 즈음, 피터슨은 자신이 섬겨야 할 교우들의 영혼 깊숙한 그늘과 얼굴에 드리운 온갖 사연이 다시 보이기 시작했다. 그러던 어느 날 그는 한 "변두리 지역에 파송되어 새로운 교회를 개척하기 위해 처음으로 했던 일이 새로 건축된 집들이 늘어선 거리에 줄지어 서 있는 집집마다 문을 두드리면서 새로운 교회에 대해 잠시 이야기를 나눌 수 있느냐고 묻는 일"이었다고 회상한다. 피터슨은 고백한다.

> 나는 그렇게 집을 찾아다니는 일이 너무 싫었다. 그것은 수많은 거절과 냉대와 의심과 쫓겨남 때문이었다. 그들은 나를 마치 싸구려 물건을 팔려고 돌아다니는 행상처럼 대했다. 하지만 시간이 지날수록 문이 열리고 나를 받아주는 가정이 늘어났다.[10]

세월이 흘러 피터슨은 그렇게 한 명 두 명 찾아온 교인들과 주중에 한 번씩 새로운 방식으로 성경 공부를 시작했다. 매주 갈라디아서를 헬라어에서 영어로 손수 의역해서 교우들에게 쪽지처럼 나누어 주고 함께 공부하고 묵상한 것이다. 번역된 쪽지를 보고 깜짝 놀란 교우들은 다른 서신들도 요청했다. 생각지도 않게 피터슨은 신약을 모두 의역했고, 상당한 시간이 걸렸지만, 구약까지 의역을 마치자 마침내 『메시지』가 탄생했다.

피터슨에게 목회하기 좋은 시절(유카이로스)만 있었다면, 처음부터 복음을 전하는 족족 사람들이 몰려오든지 아예 교인 수가 많은 교회에 부임했다면, 그가 도스토옙스키를 오롯이 읽어낼 수 있었을까? 『메시지』가 세상에 나올 수 있었을까? 하지만 목회하기 어려운 시절(아카이로스)이 있었기에 오히려 『메시지』의 씨앗이 잉태될 수 있지 않았나 싶다. 그러니 정말 중요한 건 좋은 시기든 힘든 시기든 하나님 말씀을 연구하고 묵상하기를 가까이하고 사람에 대한 애정의 끈을 놓치지 않는 것이다. 내가 전하는 메시지를 들어줄 사람이 많은지 적은지에 지나치게 관심을 둘 이유가 무언가? 메신저인 내가 메시지에 흠뻑 젖어 있다면 다른 것은 별 문제가 아닐지 모른다.

### 광장의 소리? 광야의 소리!

이 시대는 메시지에 흠뻑 젖은 메신저에 목말라하고 있다. 인공지능 챗GPT는 결코 알 수 없는, 눈물이 그렁그렁한 얼굴을 한 전도자를 고대하고 있다. 복음의 씨앗은 정보(Information)보다 영감(Inspiration)으로 가득하다. 정보는 한계가 없을 때 더 좋은 것이 되지만, 영감은 그렇지 않다. 한계가 있을 때 더 깊어지고 무르익곤 하니 말이다. 정보는 다 모여 나누는 광장에서 힘을 발휘해도, 영감은 다 떠나고 없는 빈 들에서 역사하는 법이다. 디아스포라 첫 세대 랍비인 요하난 벤 자카이(Yohanan ben Zakkai)는 동료들의 비난을 무릅쓰고 로마군에 항복하면서 유대인을 위한 대학 건립을 이루었다. 이를 두고 에리히 프롬은 "그들은 모든 것을 잃었으며, 남겨진 것은 오직 '존재'의 이상뿐이었다. 다시 말해서 알고, 배우고, 생각하고, 그리고 메시아가 오기를 기다리는 일이었다"라고 술회한다.[11]

영원토록 밤하늘을 비추는 별들이 모두 자기만의 궤도를 가지고 있듯, 바울에게도 고유하게 주어진 경주가 따로 있었다. 그에게 "믿음"(딤후 4:7)은 운동선수가 경기 시작에 앞서 하는 선서와 같다. 일생 주님만 따르고 주께서 살아내셨던 삶의 방식만 취하겠다는 서약이다. 그리고 뛰기 시작한다. 자기에게 주어진 트랙을 달리는 데 여념이 없다. 좌우를 돌아보지 않는다. 그는 주어진 한계를 고유한 소명으로 바꾸는 영적 방정식을 터득한 지 오래다.

> 내가 궁핍하므로 말하는 것이 아니니라 어떠한 형편에든지 나는 자족하기를 배웠노니 나는 비천에 처할 줄도 알고 풍부에 처할 줄도 알아 모든 일 곧 배부름과 배고픔과 풍부와 궁핍에도 처할 줄 아는 일체의 비결을 배웠노라 내게 능력 주시는 자 안에서 내가 모든 것을 할 수 있느니라. (빌 4:11-13)

물론 마귀가 바울을 가만히 둘 리 없다. 예수를 믿는 이들이 조금씩 늘어나자 종교 시장에서 각종 우상을 팔아 이득을 보던 구리 세공업자 알렉산더는 자기에게 손해가 생길 것 같다는 이유로 바울을 경쟁자로 인식하고 자신의 텃밭에서 축출하려고 온갖 중상모략을 가한다. 한마디로 멀쩡하게 뛰고 있던 선수에게 뒤에서 태클을 건 셈이다. 이 또한 한계 상황이 아닐 수 없다. 하지만 바울은 사자의 입에서 건져지는 한계 상황 속에서 오히려 그의 곁에 서서 힘을 주시는 주님께 더욱 집중하고 몰두할 수 있었다. 그의 고백이 이렇게 들리는 것만 같다. "나는 한계 속에서 오히려 선한 싸움을 더 잘 싸울 수 있었고, 한계 속에서 나의 달려갈 길을 더 잘 마칠 수 있었고, 한계 속에서 믿음을 더 잘 지킬 수 있었다"(딤후 4:7).

이처럼 바울에게 유카이로스와 아카이로스가 있었다면, 신학자 폴 틸리히에게는 위대한 카이로스와 상대적 카이로스가 있었다. 위대한 카이로스가 예수님이 그리스도로 나타나시는 돌파구가 될 만큼 성숙한 순간이라면, 상대적 카이로스는 하나님 나라가 시간 속으로 자꾸만 계속해서 돌파하는 순간을 말한다. 상대적 카이로스가 쌓이다가 어느 순간 위대한 카이로스가 열린다. 행동과 고통을 위한 시간인 상대적 카이로스가 있기에, 비옥한 순간인 위대한 카이로스가 찾아온다는 것이다.[13] 하기야 조그마한 달걀 하나조차도 흰자를 통하지 않고 노른자에

닿을 수 없는 법인데, 어찌 상대적 카이로스를 통하지 않고 위대한 카이로스에 다다르려 한단 말인가?

개혁가 루터가 그리스어 신약성경 전체를 독일어로 초역한 쾌거를 이루었던 시기는 그의 표현에 따르면 "절반은 기꺼이, 절반은 마지못해 이상한 죄수"로 지내야 했던 바르트부르크 성 도피 생활 열 달 중 마지막 석 달이었다.[14] 오늘도 사람들은 진짜 메신저를 기다린다. 참 예언자를 고대한다. 그런데 진실한 전도자가 빚어지는 기간은 전도하기 좋은 유카이로스의 시절이 아니라 전도하기 어려운 아카이로스의 시절이다. 푸르고 푸른 그리스도의 계절이 진실로 마련되는 시간은 예전 같은 'in season'(유카이로스)이 아니라, 요즘 같은 'out of season'(아카이로스)이라는 진리를 잊지 말자. 아카이로스 없이 유카이로스는 오지 않는다. 아카이로스의 날들이 있었기에 유카이로스의 날들은 정녕 돌아올 것이다!

# 거울

여호와는 그의 얼굴을 네게 비추사 은혜 베푸시기를 원하며.

(민 6:25)

## 한 사람, 별보다 밝게

우리는 누군가에 대해 어떤 이미지를 가지고 산다. 하지만 그 이미지는 그야말로 이미지일 뿐 실상은 아닐 수 있다. 그렇다면 어제나 오늘이나 영원토록 변함없으신 하나님의 말씀인 성경은 우리를 어떤 이미지로 말할까? 성경은 우리가 하나님의 형상(*Imago Dei*)으로 만들어졌다고 알려 준다. 그러면 내가 하나님의 형상으로 지음받았다는 것은 어떤 의미일까? 그것은 내가 언제, 어디서, 어떻게 태어나고 자랐느냐가 문제가 되지 않는다는 뜻이다. 성경은 내가 태어난 고향도, 다녔던 학교도 중요하지 않다고 말한다. 남과 비교했을 때 나에게 있는 것이나 없는 것이 그다지 중요하지 않다는 말이다. 이 모든 것과 비교할 수 없는, 천지를 지으신 하나님을 비추는 고귀한 존재로 지어졌기 때문이다.

이 사실은 대단히 귀중하다. 특히 요즘 같은 개인주의 사회에서는 더욱 그렇다. 자신이 얼마나 소중한 존재인지 확신하는 것이 중요하기에, 우리의 존엄성은 우리가 살아가는 데 필수적인 기반이 된다. 그렇다면 어째서 나라는 존재는 고귀한 걸까? 이러한 존엄성의 근거는 어디에 있을까? 유감스럽게도 현대인이 높이 여기는 과학이나 물질에서는 존재의 소중함이 증명되지 않는다. 팀 켈러에 따르면, (현대 세속주의는 말할 것도 고) 자연계와 물질세계에서도 인간은 권리가 있다, 존엄성이 있다, 가치가 있다는 신념이 "논리적으로나 경험적으로 도출될 수 없다." 아니, 도출해서는 안 된다. 그렇게 말할 근거가 과학에 없기 때문이다. 과학이 인간을 더 복잡한 존재로 여길 수는 있지만, 그 존귀함을 입증할 수 있는 근거는 유물론적 세계관에 없기 때문이다. 오늘날 심리학자들이나 상담가들이 자신을 찾아오는 사람들에게 "당신은 참으로 소중합니다!"라고 말하지만, 심리학이나 상담학에는 그렇게 말할 근거가 없다.

기독교 변증가로 명망이 높은 옥스퍼드의 수학자 존 레녹스(John Lennox)는, 과학이 모든 일의 원인과 결과를 자연주의라는 폐쇄된 세계관으로 다루는 데 반해, 신앙은 자연법칙을 만드신 창조주가 외부에서 원인과 결과에 개입할 수 있다는 개방적 세계관을 상정한다고 말한다. 유물론자들이나 자연주의자들은 과학과 종교를 대조하면서 과학 지식이 증가할수록 종교의 영역이 감소할 것이라고 본다. 그러나 자연주의는 만물이 물질로 환원되는 세계관으로 종결된다. 정신도 영혼도, 초자연도 하나님도 죄다 걷어내고 오직 자연과 물질뿐이라는 과학의 주장은 어딘가 허점이 있다. 예를 들어, 우리는 김환기 화백의 <어디서 무엇이 되어 다시 만나랴>를 보면서 그저 물감의 조합이라 치부하지 않는다. 누가 캔버스 전체를 가득 채운 작은 점들을 화학 물질 범벅이라 깎아내릴 수 있을까? 독특하게 스며든 푸른 점마다 우주의 무한함과 인간 존재에 대한 깊은 사유로 충만한데 말이다. 그래서 이 작품은 극도의 보안을 위해 고가를 들여도 아깝지 않은 고귀한 대상이다. 그림 자체의 물성 때문이 아니라, 그림에 거장의 손길이 담겨 있기 때문이다.

이처럼 기독교는 인간의 높은 존엄성을 설명할 수 있는 절대적 바탕을 제공한다. 사람은 다름 아닌 하나님을 비추는 거울과 같다는 궁극적인 실상이 그것이다. 빈센트 반 고흐나 박수근이 <해바라기>와 <빨래터>를 대충 그리지 않았듯이, 하나님도 우리를 대충 만들지 않으셨다. 그분은 한 사람 한 사람을 모두 한없이 고귀한 존재로 만드셨다. 하나님 자신을 쏙 빼닮을 정도로 말이다. 그리고 우리를 치밀하게 교회 공동체로 모으실 결심을 하셨다.

영화 <헤어질 결심>에 깊은 영감을 주었던, 사실상 원작이라고도 할 수 있는 1964년 작품이 있다. 바로 소설 『무진기행』이다. 작가 김승옥은 불과 25살의 나이에 그 작품을 썼다. 그래서 사람들은 그를 천재라 불렀다. 하지만 훗날 그는 자신이 글을 쓴 것이 아니라 사실상 자신의 피를 짜낸 것이나 다름없다고 토로했다. 지금 여기서 우리는 도대체 누구일까? 하나님이 독생자의 피를 짜내어 써내려 가신 책과 같은 존재다. 그렇다면 우리는 그러한 주님을 위해, 아니 그 누군가를 위해 자신의 모든 걸 쏟아부은 적이 있을까? 시인 안도현은 <너에게 묻는다>라는 시에서 "연탄재 함부로 발로 차지 마라. 너는 누구에게 한 번이라도 뜨거운 사람이었느냐"라고 묻는다.[2] 자신의 모든 것을 어떤 대상에 쏟아부어 본 적이 있는 사람만이, 자신이 하나님의 작품이라는 것을 체감할 수 있다. 내가 하나님이 그분의 모든 걸 쏟아부으신 작품임을 깨닫는 것처럼 소중한 은혜가 또 있을까?

유감스럽게도 우리는 사람 귀한 줄을 잘 모른다. 왜 그럴까? 사람이 너무 많아서일까? 그렇다면 그건 어리석은 생각이다. 하늘에 별들이 많다고 별들이 귀하지 않은 걸까? 천체망원경의 발달로 초거대 행성들이 끝도 없이 발견된다 해서, 그에 비하면 그저 자그마한 해와 그보다 훨씬 작은 달의 가치가 내려갈까? 아니다. 우리 은하(Milky Way)에는 약 1천억에서 4천억 개의 별이 존재한다. 더 놀라운 사실은, 우리 은하와 같은 은하가 우주에 약 2조 개나 있다는 것이다. 이 모든 은하에 있는 별들을 합치면, 우주에는 약 10의 22승에서 24승에 달하는 별들이 존재할 것이다. 우리가 별 하나를 1초에 하나씩 센다 해도, 이 모든 별을 다 세려면 수경 년도 넘게 걸릴 것이다. 그리고 그 억겁의 시간이 흐른다 해도, 우리는 여전히 우주의 신비 앞에서 첫 장을 넘겼을 뿐일지 모른다. 그러니 그 무한한 별들 중에서도 우리 가까이에서 지구를 비추며 낮과 밤을 만들어 주는 해와 달이야말로 얼마나 소중한 존재이겠는가? 이렇듯 모든 존재는 고유한 가치를 지니고 있다.

그런데도 우리는 서울 같은 대도시에 살다 보면 사람의 소중함을 잊기 쉽고, 조금만 큰 교회에 다녀도 한 사람의 신자가 얼마나 귀한지 깨닫지 못한다. 얼마 전까지도 신학교에서 학생들이 무리 지어 지나가는 모습을 보면서, 소명자 한 사람 한 사람이 얼마나 소중한지 실감하지 못했다. 아니, 그 많은 사람 속에 내가 있다는 이유로, 정작 나 자신이 얼마나 귀한 존재인지도 잘 모르고 살아왔다. 그러다 보니 하나님이 저출산을 허락하신 것이 우리가 사람의 귀함을 더 깊이 깨닫게 하시려는 뜻이 아닐까 하는 생각마저 든다.

## 거울의 숙명

하지만 우리가 마주치는 모든 사람을 가리켜 성경은 하나님의 형상이라고 말한다. 모두 하나님의 거울이라는 뜻이다. 그렇다면 거울은 무엇을 비출까? 마녀의 거울은 마녀를 비춘다. 공주의 거울은 공주를 비춘다. 거울은 자기에게 반사되는 대상을 비추게 마련이다. 그것이 거울의 숙명이다. 그런데 성경은 우리가 하나님의 거울이라고 말한다. 우리가 하나님을 비추는 존재라는 뜻이다. 이 말을 믿을 수 있는가? 천사도 사람만큼 하나님을 비추지는 못한다. 그저 심부름꾼 노릇이나 할 뿐이다. 물론 성경은 이 세상 만물도 하나님의 흔적이라고 말한다. 그러나 흔적은 거울과 크게 다르다. 거울 앞에 서면 모든 것이 그대로 비친다. 거울은 한마디로 청명하다. 반면에 흔적은 희미하다. 흔적은 어떤 대상의 존재를 암시할 뿐, 그 자체로 존재를 명확히 드러내지는 못한다. 예를 들어 누군가 다녀간 흔적이 있다고 말할 때, 그 흔적이 그 사람의 정체를 완전히 밝히지는 않는다.

    드라마 <응답하라 1988>의 마지막 장면을 떠올려 보자. 재개발을 앞두고 무너져 내린 쌍문동의 주택가가 배경이다. 버려진 옷, 깨진 창문, 뜯긴 벽지, 퇴락한 대문, 흩어진 참고서, 워크맨 등이 남아 있지만, 그것만으로 그곳에 살았던 사람들의 삶의 이야기를 완전히 알 수는 없다. 이러한 장면을 통해 우리는 '무대가 끝난 뒤 남겨진 장식과 무대 장치, 그리고 잔해들(마치 고생물학적 발견물이나 화석처럼)을 통해 어떤 연극이 상연되었는지를 추측'할 수밖에 없다.[3] 이처럼 하늘과 바다에도 하나님의 창조 흔적이 있지만, 이는 단지 그분의 존재를 암시할 뿐이다. 반면에 하나님의 형상은 인간에게서 명확하게 드러난다. 물론 맘몬이 지배하는 현대 사회에서는 인간이 소유에 따라 평가받는 경향이 있다. 이로 인해 우리는 하나님이 아닌 다른 것을 비추는 거울이 되어 버렸다.

성경은 하나님의 거울이 왕창 깨진 사건, 그로 인해 거울에서 더 이상 하나님이 온전히 보이지 않게 된 사건, 하나님이 마치 피카소의 입체파 그림처럼 조각나서 보이게 된 계기를 죄와 타락이라고 한다. 그렇다면 내 안에 있는 하나님의 거울이 지금도 금이 간 채로 있는지, 아니면 말끔하게 복구되었는지 어떻게 확인할 수 있을까? 생각보다 어렵지 않다. 사람들이 나를 볼 때마다 하나님이 보인다고 느낀다면 내 거울은 복구된 상태일 것이다. 하지만 어떤 사람을 볼 때 하나님이 전혀 보이지 않고, 심지어 이 세상에 하나님이 계시거나 한 걸까 하는 신의 부재까지 느끼게 만든다면, 그런 사람은 물론이고 그런 사회도 하나님의 거울로서의 역할을 거의 다한 셈일 것이다.

## 명품 거울이 된다는 것

주님은 사람이 어떻게 살아야 하나님의 영광을 비추는 거울이 되는지를 아주 잘 보여 주셨다. 그분은 하나님의 선함을, 하나님의 사랑을, 하나님의 성품을 보여 주시는 거울이었다. 어떤 이의 성품을 통해 주님의 성품이 느껴졌다면, 그 사람은 진정 하나님의 명품 거울이다. 평생 병고와 가난 속에 가족도 없이 교회 종지기로 살았던 권정생 선생이 돌아가셨을 때, 정작 같은 마을 사람들은 그를 홀로 사는 외롭고 가난한 노인 정도로만 알고 있었다고 한다. 마을에 몰려드는 기자들을 보며 이웃들은 그가 널리 알려진 동화 작가였다는 사실에 놀랐고, 책을 통해 들어온 모든 수입은 가난한 이웃과 굶주리는 북한 어린이들을 위해 남김없이 써달라는 유언이 있었다는 사실에 더 큰 충격을 받았다. 권정생 선생을 흠모하던 어느 후배가 이렇게 말했다. "형은 지가 제일 불쌍하면서 남들 불쌍하다는 말만 해!"[4]

그러고 보면 진실로 어진 마음은 자기 연민에 빠지지도 자기를 드러내지도 않는 것 같다. 그저 타인에게만 깊은 연민을 갖고 오른손이 하는 일을 왼손이 모르게 베풀기만 한다. 정말 하나님 보시기에 아름다운 사람은 자기가 얼마나 아름다운지 모른 채, 이처럼 무지의 구름 속에서 일생을 산다.[5] 그러나 어느 찬양 가사처럼 "이 뒷날, 임이 보시고 나를 보며 '날 닮았다' 하소서. 이 뒷날, 나를 보시고 '임 닮았다' 하소서" 하게 되리라.

반사한다는 것은 무엇일까? 본받는다는 것이다. 데칼코마니는 한쪽 면에 물감으로 그려놓고 반대쪽 면을 겹쳐 반대쪽에 똑같은 그림이 그려지게 하는 기법이다. 그래서 꼭 나비처럼 보인다. 그대로 본을 떴기 때문이다. 주님은 "내가 너희를 사랑한 것같이 너희도 서로 사랑하라"고 하셨다. 주님의 본을 그대로 뜨라는 것이다. 가장 확실하게 본을 뜨는 방법은 거울로 비추는 것이다. 그림보다 사진보다 확실한 것이 거울이다. 어떤 대상을 백 퍼센트, 그것도 실시간으로 본을 뜨는 것이 거울이다. 그러면 어떻게 해야 사도 바울처럼 늘 하나님을 비추는 거울이 될 수 있을까? 생각보다 단순하다. 실시간으로 하나님을 바라보는 삶을 사는 것이다.

여기서 중요한 것은 실시간이라는 점이다. 이것은 주님이 우리에게 "너희는 마음에 근심하지 말라 하나님을 믿으니 또 나를 믿으라"(요 14:1) 하신 말씀과 같다. 사도 바울은 그것을 쉬지 않는 기도라고 명명했다. 그는 데살로니가전서 5:16-18에서 "항상 기뻐하라. 쉬지 말고 기도하라. 범사에 감사하라"라고 말하며, 이러한 삶이 주님의 뜻이라고 가르쳤다. 바울에게는 기쁨과 기도와 감사가 언제나 실시간이었다. 기도는 언제나 현재 진행형이어야 한다. 어제도 내일도 아닌 오늘 기도해야 한다. 기도가 실시간이어야 하는 까닭은 우리 존재가 원형이 아니라 형상이기 때문이다. 한마디로 거울이기 때문이다.

오래전 루브르 박물관에서 마리 앙투아네트 왕비의 거울을 본 적이 있다. 거울은 입을 다물기 어려울 정도로 화려했지만, 그 거울은 (마리 앙투아네트가 아니라) 텅 빈 벽을 비출 뿐이었다. 죽은 왕비를 더 이상 보여 주지 못하는 거울인데도 사람들은 한때 그녀를 비추었다는 이유로 거울 이름을 그렇게 지었다. 이와 마찬가지다. 왕년에 잠깐 그리스도를 비추었다는 이유로 사람들이 그리스도인이라고 불러 준다고 해서, 현재 진행형으로 주님을 바라보지 않고 자신을 주목한다면 솔직히 그리스도의 거울이라 말할 수 없을 것이다. 주인 없는 텅 빈 거울이 되지 않으려면, 마귀에게 도둑맞은 거울이 되지 않으려면, 우리는 언제나 그리스도를 실시간으로 비추는 거울이어야 한다. 그리스도를 비추는 것은 거룩한 숙명이다. 우리는 이 숙명을 마음 깊이 새기고, 매일의 삶 속에서 그분의 형상을 비추는 거울이 되어야 한다.

오랜 시간 햇볕을 많이 쬔 농부의 얼굴은 거무스레하기 마련이다. 그렇지만 하루 이틀 들판에 나가 일한 농부에게는 그런 얼굴이 절대 안 나온다. 평생을 그렇게 산 농부의 그을린 얼굴은 따로 있는 것이다. 성경을 가끔 보는 사람의 얼굴과 성경을 늘 가까이하는 사람이 얼굴이 같을까? 성경을 늘 가까이하고 기도가 몸에 밴 사람, 성령의 빛에 오래 노출된 사람만이 갖는 색감이 따로 있다. 얼굴은 절대 거짓말을 하지 않는다. 하나님을 늘 가까이하는 사람의 얼굴에는 범접하기 힘든 기품이 있다. 돈이 많지 않아도, 많이 배우지 못했어도, 몸이 건강하지 못해도, 세상 누구도 따라오지 못하는 예수 잘 믿는 사람의 얼굴이 따로 있다. 아무리 좋은 화장품을 사용해도 나오지 않는 광채가 있다.

전도사 시절 하용조 목사님에게서 들은 그분의 영국 시절 이야기가 생각난다. 옥스퍼드 대학교에서 실제 있었던 일이라고 한다. 한 여학생이 있었는데, 그 여학생이 캠퍼스를 지나가면 교수 학생 할 것 없이 천사의 얼굴을 보는 것 같은 신비로움, 아름다움, 고귀함을 느꼈다고 한다(한두 세대 전만 해도 옥스퍼드에 여학생이 많지 않았기 때문이기도 했을 것이다). 그런데 몇 해 후에 그만 그 여학생이 병으로 세상을 떠났다. 기숙사 방에 남은 유품을 정리하던 학교 직원들이 깜짝 놀랐다. 그 여학생의 책상 서랍에서 조그마한 기도 수첩이 나왔는데, 그 낡은 수첩에 삼백 명이 넘는 선교사들의 이름과 기도 제목이 빼곡히 적혀 있었다. 기도는 그녀에게 일상의 중심이었고, 그녀의 얼굴은 그 기도에서 비롯된 빛을 반사했던 것이다. 그제야 사람들은 알았다. 어째서 그 여학생의 얼굴이 천사처럼 빛나고 있었는지! 그렇다. 기도하는 사람의 얼굴은 어딘가 달라도 다르다. 하나님의 거울이 무엇인지 보여 주는 그런 사람들이 따로 있다. 오늘 나의 얼굴, 당신의 얼굴, 우리의 얼굴은 무엇을, 아니 누구를 비추고 있는가?

> 우리가 다 수건을 벗은 얼굴로 거울을 보는 것 같이 주의 영광을 보매 그와 같은 형상으로 변화하여 영광에서 영광에 이르니 곧 주의 영으로 말미암음이니라. (고후 3:18)

# 여정의 자리

깨우침과 길 찾기

# 빈들

내가 헐벗은 산에 강을 내며 골짜기 가운데 샘이 나게 하며
광야가 못이 되게 하며 마른 땅이 샘 근원이 되게 할 것이며.

(사 41:18)

베를린 올림픽 마라톤 우승자 손기정 선수를 길러낸 양정고등보통학교 교사 김교신이 이듬해 1937년 목마른 시대에 냉수 한 그릇을 건네는 심정으로 써 내려간 <조선의 희망>에 이런 대목이 있다. "우리의 희망은 거대한 사업 성취나 신령한 사업 헌신에 있는 것이 아니라, 진실한 인물의 출현에 있다. 비록 그가 그리스도처럼 세상에서 참패하더라도, 참 의미에서 하나님을 믿고 하나님과 더불어 생각하고 노동하는 자라면, 조선의 희망이 전적으로 그에게 있다." 김교신이 만난 하나님은 제국주의 도시에서 그럴듯한 번영의 비즈니스를 요란하게 펼치는 사업가일 수 없었다. 하나님은 시인 이육사의 외침처럼 "가난한 노래의 씨를 뿌려야 하는" 광야에서 진실한 인물 하나를 오랜 시간 빚

어 가시는 교육자에 가까웠다.

그로부터 얼마 지나지 않아 영국 작가 도로시 세이어즈(Dorothy Sayers)는 삼위일체 하나님의 신비를 창의적 예술가의 모델로 풀어낸다. 창의적 작가의 정신에서 삼위일체 구조를 짚어 낸 것이다. 그녀는 성부 하나님을 작업 전체를 조망하는 창조적 아이디어로, 성자 하나님을 땀과 열정을 더하여 구체화하는 창조적 에너지로, 성령 하나님을 그 모든 작업에 생생히 반응하는 창조적 힘으로 기술했다. 현실 속 작가의 모든 에너지와 행위는 이미 존재하는 완전한 실체, 즉 작가의 오리지널 아이디어에 철저히 의존한다고 덧붙이면서 말이다. 복음서의 언어로 묘사하자면 아들은 모든 것을 아버지의 뜻대로 행한다는 것이다. 세이어즈에 따르면 작가는 종종 글을 써 가면서 "이 문장은 괜찮아!" 혹은 "이 문장은 적절하지 않아!"라고 말한다. 작가의 물리적 창조가 작가의 창조적 정신과 깊숙이 맞닿아 있기 때문이다. 세계적 반열에 오른 작가들을 보면, 대개 각자의 고유한 아이디어와 에너지와 힘이 고도의 조화를 이루며 운동력 넘치는 생명 자체가 된다. 그것이 창조적 정신이다. "창조적 정신은 작품을 만들고 통제하며 창조된 인물들과 작품을 연결한다. 창조적 정신은 작품 전체에 내재하는 동시에 작품들을 통제한다."⁷

## 광야의 서랍, 양생의 시간

그런데 원고는 처음부터 끝까지 일사천리로 완성되지 않는다. 위대한 작품일수록 그런 일은 없다. 아무리 걸작이라도 초고는 따로 있다. 소설가 무라카미 하루키도 자신은 일단 초고를 완성한 그때부터 다시 또 다른 승부(고쳐쓰기)가 시작된다고, 그때부터가 그야말로 시간을 들일 보람이 있는 신나는 부분이라고 고백한다. 그런데 고쳐쓰기에서 빠질 수 없는 과정이 있다. 그것은 한 차례의 긴 휴식을 가지는 일이다. "나는 가능하면 보름에서 한 달쯤 작품을 서랍 속에 넣어 두고 그런 게 있다는 것조차 잊어버린다. 혹은 잊어버리려고 노력한다. 그사이에 여행을 하거나 번역 일을 몰아서 하기도 한다. 장편소설을 쓸 때는 일하는 시간도 물론 중요하지만, 아무것도 하지 않는 시간도 그에 못지않게 중요하다. 공장 등에서의 제작 과정이나 건축 현장에 '양생'(養生)이라는 단계가 있다. 제품이나 소재를 '재워둔다'는 것이다. 그냥 가만히 놔두면서 바람을 쐬게 한다. 혹은 내부가 단단히 굳도록 하는 것이다. 소설도 마찬가지다. 이 양생을 확실하게 해주지 않으면 덜 말라서 무른 것, 고르게 배어들지 않은 것이 나오고 만다. 그렇게 일단 작품을 진득하게 채운 다음에 다시 세세한 부분의 철저한 고쳐 쓰기에 들어간다. 진득하게 채운 작품은 나에게 이전과는 상당히 다른 느낌으로 다가

온다."²

    세이어즈나 하루키처럼 이야기를 써 가는 작가는 초벌 원고 뭉치를 넣어둔 서랍이 갖는 역할과 거기에 담긴 함의를 잘 알고 있기에 얼마간 태연자약하게 지낼 수 있다. 하지만 고무줄에 동그랗게 말린 채로 혹은 누런 폴더에 끼인 채로 캄캄한 서랍 속에 (게다가 이런 일은 처음인지라) 아무런 기약도 없이 갇힌 원고 뭉치 입장은 어떨까? 다락방 서랍은 그냥 서랍이 아닐 것이다. 막막한 광야가 따로 없을 것이다. 서랍 속 원고 뭉치는 <토이 스토리>의 인형들처럼 주인이 나를 영원히 잊어버리면 어떡하나 한숨만 나올 것이다. 원고 뭉치의 탄식은 하나님이 나를 버리신 건 아닐지 한탄하던 시편 기자의 기도와 그리 다를 바가 없다. 서랍 속 원고 뭉치는 시인 T. S. 엘리엇(Eliot)처럼 "나는 말도 못 하고 눈도 안 보여 산 것도 죽은 것도 아니었다"라고 푸념할 것이다.³

    하지만 이사야가 하나님은 화살통 속 화살을 잊지 않으신다고 말하듯(사 49:2), 작가도 서랍에 있는 자기 원고를 한순간도 잊지 않는다. 언젠가 서랍을 열고 다시 고쳐 쓰기 시작할 때 비판받은 부분만 집중적으로 고쳐나가는 것을 보아도 알 수 있다. 작가는 서랍에 있는 자기 원고에 직접 손대지 않으면서도 서랍에서 꺼낸 후 원고를 어떻게 고쳐서 불후의 명작으로 완성해 갈지 숙고하는 시간을 착실하게 가진다. 이러한 영적 비밀을 바울은 박해 속에서 지내는 에베소 교인들에게 생생히 전한다. "우리는 그의 만드신 바라. 그리스도 예수 안에서 선한 일을 위하여 지으심을 받은 자니 이 일은 하나님이 전에 예비하사 우리로 그 가운데서 행하게 하려 하심이니라"(엡 2:10).

### 포도나무의 비밀

하루키가 전하는 서랍 속 원고 뭉치의 양생 비밀이 요한복음 양피지 사본이라면 어디쯤에서 단서가 나올까? 주님이 제자들에게 자신을 포도나무라 하신 대목이 아닐까 싶다. 주님은 자신이 포도나무인 것을 언제 아셨을까? 그리고 몇 년생 포도나무로 자각하셨을까? 그 싹을 예고한 이사야 시절부터 시작해도 600년 이상이다. 세상에서 주님만큼 오래된 포도나무가 또 있을까? 찾아보니 있다. 이탈리아 안티노리 와인 농장이다. 우리로 치면 고려말 1385년에 시작됐으니 640년쯤 되었다. 고작 2대, 3대도 못 가 휘청거리는 기업들이 허다한 세상에서 27대 자손이 알뜰히 경영하고 있다. 그들은 "포도나무는 심고 나서 3년째에야 열매가 열리지만, 좋은 와인이 되려면 수령이 최소 10년, 세계적 명품 와인이 되려면 30년이 넘는다"라고 담담히 말한다. 묵히는 시간이 필요한 것은 서랍 속 원고 뭉치만이 아니다. 농장의 포도나무 아니 저장 창고의 포도주도 사정은 같다. 그것은 겉으로 보기엔 광야의 시간이지만 실상을 들여다보면 양생의 시간이다. 나를 죽이는 시간 같지만 나를 살리는 시간인 것이다. 칼뱅은 그리스도인의 성화 과정도 죽임(mortification)과 살림(vivification)으로 이루어진다고 말하지 않았던가. 그래서 광야는 신구약을 통틀어 선택 과목이 아니라 필수 과목으로 채택된다.

예수님이 포도나무가 되시는 길에도 지름길은 없었다. 그분은 태어나서 곧장 국제 난민으로 이리저리 치이다가 조국에 숨어 들어와 조용히 아버지의 일을 배우며 자라셨다. 불과 열두 살에 우리로 치면 성균관 박사들에 견줄 예루살렘 성전의 고위 성직자들을 탄복시키는 영적 천재로 판명되었다. 하지만 하늘은 그분을 열두 살에 등단시키지 않는다. 선행학습도 월반도 시키지 않았다. 포도나무처럼 묵묵히 자식을 키우는 하늘 아버지의 양생 교육 방침 때문이다. 최소 30년은 넘어야 "그대는 지금까지 좋은 것을 두었도다"라며 연회장이 감탄할 정도로 깊고 신비로운 맛이 나올 것이기에, 안티노리 와인처럼 600년 너머로 30년을 더 기다리신다. 그런 후에야 "너는 내 사랑하는 아들이라. 내가 너를 기뻐하노라"라고 인증하셨다. 그런데 하늘 아버지는 이만하면 충분하다 싶은 금쪽같은 아들을 빈들로, 그것도 일부러 보내신다. "성령이 곧 예수를 광야로 몰아내신지라"(막 1:12).

## 광야만이 알려 주는 나

도대체 하나님은 그곳에서 무얼 하시려는 걸까? 마가는 "광야에서 사십 일을 계시면서 사탄에게 시험을 받으시며 들짐승과 함께 계시니"(막 1:13)라고 귀띔한다. 하나님은 자기 외아들을 이집트 난민촌에서 갈릴리 빈촌으로 그리고 다시 유대 광야로 등 떠미신다. 그리스도의 사역과 수난과 죽음을 신성과 인성이 역동적으로 연합되는 과정으로 보는 신학자 캐스린 태너(Kathryn Tanner)의 고백 첫마디는 주님의 광야 시절이 되어야 하지 않을까. "예수는 친히 시험을 받기 전까지는 시험을 이긴 것이 아니며, 스스로 죽음의 두려움을 느끼기 전까지는 그것을 이긴 것이 아니다. 그가 시험을 받고 죽음의 두려움을 느끼는 순간에 하나님의 말씀이 그것들을 취하신다. 예수가 죽을 때 말씀이 그 죽음을 취하기 전까지는, 예수는 죽음을 치유한 것이 아니다."[14] 그리스도는 신의 행위와 인간의 행위의 온전한 연합에 하나님의 자녀를 참여하게 하시려는 성부의 아이디어가 담긴 처음 원고 뭉치와 같다. 그러하신 주님이 친히 서랍의 모든 칸을 남김없이 거치는 수고(에너지)를 묵묵히 감내하심으로써, 완성된

책으로 교회라는 독자의 손에 쥐어지고 각 나라 언어로 전해질 수 있었다. 서랍 속 시절이 없다면 일어나지 않았을 일이다.

하지만 그리스도만 광야라는 서랍에 들어가신 것은 아니다. 광야의 서랍에 들어간 그리스도의 원고 뭉치에는 하나님 나라를 기다리며 빈들의 시절을 고스란히 살아낸 신구약의 수많은 에피소드가 빼곡히 적혀 있다. 성경에 등장하는 광야는 완전한 폐허에 이르는 지형뿐만 아니라 때로는 반건조 지역의 목초지도 포함한다. 그러나 대개는 인간과 상인과 가축이 잠시 지나갈 수는 있어도 그곳에 상주할 수는 없는 지역을 가리켰다. 그러나 초대교회 수도자들에게 광야는 진실한 입, 거룩한 몸, 깨끗하고 강철 같은 마음, 고요하게 살아가며 주님에 대한 기다림 외에 다른 어떤 것도 생각하지 않는 생명이 영그는 곳이다.[5] 물론 광야는 귀신이 떠도는 물 없는 장소(마 12:43), 헐벗은 소외와 방랑에 결박된 장소(눅 8:29), 공동체가 스스로 분쟁하다 무너진 장소(마 12:25)이기도 하다. 그러나 모세는 도무지 사람 살 곳이 못 되는 광야에서 겪는 고난조차 하나님이 아버지로서 그분의 '자녀'를 빚어 가시는 과정의 일부로 사용하실 수 있음을 상기시킨다. "네 하나님 여호와께서 이 사십 년 동안에 네게 광야 길을 걷게 하신 것을 기억하라. 이는 너를 낮추시며 너를 시험하사 네 마음이 어떠한지 그 명령을 지키는지 지키지 않는지 알려 하심이라. 너를 낮추시며 너를 주리게 하시며 또 너도 알지 못하며 네 조상들도 알지 못하던 만나를 네게 먹이신 것은 사람이 떡으로만 사는 것이 아니요. 여호와의 입으로 나오는 모든 말씀으로 사는 줄을 네가 알게 하려 하심이니라"(신 8:2-3).

법의학자이자 여행가인 찰스 포스터(Charles Foster)는 성경의 하나님은 호모 사피엔스보다 호모 암불란스를, 즉 도시에서 생각하는 인간보다 광야에서 보행하는 인간을 더 아끼신다고 말한다. 그는 이것이 아마도 하나님께 유목민 기질 같은 게 있으셔서 그러신 게 아닐까 추측한다. 하기는 구약에 나오는 하나님에게서 우리는 누구한테도 길들지 않는 야성, 두 갈래 마음을 싫어하는 단순성, 어디에나 계시는, 더 정확히 말하면 어디에나 가실 수 있는, 그래서 못 가는 곳이 전혀 없으시다는 편재성을 느낀다.

그래서인지 하나님은 광야의 베두인족으로 살기로 한 아브라함을 택하셨고, 예수님도 여우에게 있는 굴도 공중의 새에게 있는 집도 없이 머리 둘 곳 하나 없이 사는 '상황적 광야'를 일생 택하셨다. 모세와 히브리 노예들도 "시나이 반도의 바람과 땡볕 속에서 이동 중에 (하나님의 백성으로) 형성되었다."[6] 그들은 광야에서 오랜 순례를 통해 "누구나 다 자기가 (애굽의 고단했던 시절에) 찾으려던 것을 얻은 것은 아니다. 하지만 누구나 다 자기에게 없던 무엇인가 그리고 자기가 원하고 필요로 하는 무엇인가(약속의 땅)를 얻게 되었다."[7] 마찬가지로 흙먼지 날리는 광야를 닮은 서랍 속 뽀얀 먼지가 덮이던 시절도 이제껏 썼던 문장 중 어떤 것을 버려야 할지 어떤 것을 새로 써야 할지 작가뿐 아니라 원고 뭉치도 함께 받아들일 마음의 준비를 하는 시간이다.

칼뱅은 『기독교강요』에서 하나님을 아는 지식과 우리 자신을 아는 지식이 서로 연결되어 있다고 말하면서, 두 가지 지식이 갖가지 끈으로 서로 연결되어 있어서, 그중 어느 것이 먼저 오고 어느 것이 결과로 따라오는 것인지 분간하기가 쉽지 않다고 털어놓은 적이 있다.[8] 그럼에도 하나님을 아는 지식과 인간을 아는 지식이 가장 두텁게 연결된 끈이 다름 아닌 빈들에서 오랜 세월 꼬아 만든 동아줄이라는 것은 분명하다. 광야의 동아줄을 붙잡으면 자신을 닮았기 때문에 유목민을 좋아하시는 하나님을 만나게 된다. 포스터의 말처럼 "유목민과 하나님은 가치관이 같으며, 유목민은 또 순수하고 (소유를 중시하는 도시인과 달리) 관계를 중시"하기 때문이다.[9] 그리고 모래 폭풍이 몰아치는 광야에서 겨우 잡은 하나님의 끈을 놓치지 않으려고 분투할 때 내가 누구인지 깨우치는 세찬 음성이 모든 감각을 관통하며 들려온다. "지금까지 네가 대단한 존재인 줄 알았겠지만 잘 들어라. 너는 아무것도 아니다."[10]

이 진실을 깨우친 자에게는 클레르보의 베르나르도

(Bernard de Clairvaux)의 기도가 절로 나온다고 나는 믿는다. "우리는 없습니다. 오직 하나님만이 참으로 있습니다. 그러나 당신이 우리를 부르셨으므로 우리는 있습니다. 우리 자신만으로는 없으나 당신이 함께 계셔 주시므로 우리는 있습니다."[11] 이쯤 되면 사막의 수도사들이 "성령의 실험실"이라 부르는 광야의 집중 코스가 얼마 남지 않았을 것이다. 처음엔 내가 걷는 광야였지만 이젠 나를 데리고 가는 광야가 된 지 오래이기 때문이다. 그리고 누구나 고백할 것이다. 두려움과 자기기만에서 벗어나 내가 '진실로' 누구인지 말해 줄 수 있는 하나님을 만난 빈들만이 폐허와 유배의 시간을 건너는 유일한 방법이었다고.[12]

# 선택

> 빌라도가 이 말을 듣고 예수를 끌고 나가서
> 돌을 깐 뜰[히브리어로 '가바다']에 있는 재판석에 앉아 있더라.
> (요 19:13)

## 어쩌다 그곳에 갔을까

로마 황제 가이사 아구스도가 천하를 호령하던 시절, 한 젊은이가 라인 강변으로 올라가 게르마니쿠스 군대에 들어가는 선택을 한다. 그곳에서는 게르만 족속과 로마제국의 전쟁이 벌어지고 있었다. 전쟁이 끝나자, 그는 청운의 꿈을 안고 자기 인생의 행운을 잡기 위해 난생처음 로마로 들어가는 선택을 한다. 하지만 로마의 변방 서바나의 평민에 지나지 않던 젊은이에게 그럴듯한 인생의 기회가 쉬 찾아올 리 있겠는가? 그런데 묘하게도(구체적으로 알려진 바는 없지만) 이 청년은 로마에 들어간 후 얼마 지나지 않아 로마의 가장 권세 있는 귀족으로 신분이 수

직 상승한다. 그가 학문을 닦은 것도 아니고, 군인으로서 전과를 올린 것도 아니고, 장사로 돈을 번 것도 아니다. 그건 운 좋게도 황제의 손녀 글라우디오를 만나 결혼하는 데 성공한 덕분이었다. 그리고 이 새로운 관계를 통해 그는 로마가 다스리던 한 주요 지방의 5대 총독 자리를 하사받게 된다. 제국의 주요 전략 지역구에 단수 공천을 받은 셈이다. 그렇게 원대한 정치적 야심을 품고 팔레스타인 지방으로 주후 26년에 출발한다. 그가 바로 본디오 빌라도다!

물론 서바나 변방의 시골 평민 빌라도와 황제 아구스도의 손녀 글라우디오의 결혼은 순전한 사랑으로 이루어진 관계라고 보기 어려웠다. 글라우디오는 결혼 전부터 로마 고관들과 도덕적으로 용납하기 어려운 관계를 맺고 있었다. 장모였던 줄리아도 말할 수 없을 정도로 악명이 높았다. 그래서 황제에게 딸과 손녀는 골칫덩이요 망신살이었다. 그러니 손자사위인 시골 청년 빌라도가 황제의 눈에 썩 만족스러울 리 없었을 거다. 그래도 왕족과 연관이 생겼으니 먼 지방의 행정장관 자리 하나쯤은 주어야 했던 모양이다. 천신만고 끝에 황제의 손녀와 결혼에 골인하여 귀족이 된 빌라도에게 가장 중요한 과제는 늙은 황제에게 신임을 얻는 일이었다. 하지만 황제의 손녀사위라는 것 말고는 유대 총독이 될 만한 어떤 준비도 되어 있지 않았던 데서 비극이 서서히 싹튼다.

주후 26년 팔레스타인에 행정 총독으로 부임한 빌라도는, 유대인들의 종교적 열심을 감안하여 온화한 정책을 썼던 다섯 전임자들과 달리, 처음부터 무척이나 강경하게 통치하려 했다. 이런 강압적인 통치 스타일 때문에 세 번에 걸쳐 일련의 불미스러운 사태가 벌어진다. 당시 로마 황제는 사람이 아니라 이미 신으로 추앙을 받고 있었다. 유대인들은 이를 끔찍이도 혐오했다. 그래서인지 로마 황제 역시 적어도 예루살렘 성전이 자리한 수도에는 황제의 신적 표상을 나타내는 깃발이나 방패, 그 어떤 것도 들여놓지 않도록 했었다. 하지만 빌라도는 황제에게 인정받아야겠다는 집착에 사로잡혀 황제를 신으로 높이는 깃발들을 예루살렘 성전이나 헤롯 궁전으로 가져와 유대인들의 반발을 사고 말았다. 많은 유대인이 이에 항의하다가 목숨을 잃었다. 게다가 하수도 공사를 한다는 명목으로 성전 헌금을 유용하기도 했다. 물론 엄청난 저항이 있었다. 빌라도는 어째서 자꾸 이런 무리수를 둔 걸까?

유대 땅에서는 화려해 보이는 행정장관일지 몰라도, 본국 로마에서는 너무나 먼 자리였다. 더구나 행실이 좋지 않았던 장모 줄리아가 끝내 황제로부터 미움을 사서 집안에서 쫓겨나고 만다. 말이 손자사위지 이런 낙동강 오리알 신세도 따로 없을 것이다. 뒤이은 황제 티베리우스의 말 한마디에 죽을 수도 살 수도 있는 처량한 신세가 되고 만 빛 좋은 개살구 빌라도다. 청년 빌라도는 황제의 손녀와 결혼해서 귀족이 되고 높이 올라가면 더 자유롭고 풍요로운 인생을 누릴 수 있을 거라 생각했을지 모른다. 하지만 중년의 빌라도는 마음껏 유럽 대륙을 다니던 젊은 시절의 자유를 잃어버린 채 황제의 인정을 받기 위해 날마다 노심초사하는 처지가 되고 만 것이다. 그래서 과잉 충성할 수밖에 없었다. 그러다가 그게 화근이 되어 세 번이나 큰 민란이 날 뻔했다. 황제는 격노했다. 목이 날아갈 만한 일이 세 번, 빌라도는 더 이상 실수가 허용되지 않는 지경까지 내려왔다.

그는 평생 자기를 풍요롭게 하고, 강하게 만들어 주고, 높여 줄 거라 생각되는 선택만 했다. 결혼도 그랬고, 총독으로 와서도 세 번이나 황제에게 과잉 충성하려 했다. 하지만 자리만 얻었지 자리에 걸맞은 실력과 인품을 갖추지 못한 탓이었는지, 그의 선택들은 죄다 그를 치명적인 곤궁에 빠뜨렸다. 그러다가 일생 중 가장 무거운 결정과 선택을 해야 하는 순간이 마침내 찾아온 것이다. 이렇듯 빌라도는 끝도 없이 성공을 추구하는 길만 걸어왔다. 하지만 누구에게나 인생에 한두 번은 찾아온다는 어쩔 수 없는 순간이 빌라도에게도 마침내 찾아왔다.

## 짐을 지지 않으려는 자의 짐

역사가 필로에 따르면, 빌라도는 천성적으로 엄격하고 고집스럽고 거친 성격이었다. 뇌물을 좋아하고 거만했으며, 악의에 찬 재판을 자주 했다. 그러다가 다음 황제의 공천 전망에 그늘이 드리워진 암울했던 시점에 빌라도가 한 사내를 재판정에서 마주했다. 그런데 그 사내를 재판할 때는 평상시와 매우 다른 모습을 보인다. 먼저 그는 예수님을 심문하면서 그분에 대한 제사장들과 유대인들의 고소가 정치적인 것이 아니라 종교적 질투 때문임을 즉각 알게 되었다. 신학자 톰 라이트는 "로마 총독에게는 비밀 정보망이 있었고, 빌라도는 최소한 대제사장이 아는 만큼 예수님에 대해 알았을 가능성이 높다"라고 추측한다.[1] 당시 종교적 재판은 돌을 들어 치는 것이었다. 더불어 증인이 있어야 했다. 모든 과정은 낮에 이루어져야 했다. 하지만 유대 관원들은 한밤중에 주님을 불법적으로 체포했다. 그러고는 대제사장 안나스의 집에서 이미 종교적인 판결을 내렸다. 그런데도 그들은 아침까지 기다렸다가 돌로 치는 것이 아니라 한밤중에 서둘러 총독을 찾아간다. 그러고는 십자가형에 처하라고 압박한다. 하지만 십자가형은 황제에게 반역하는 정치범에게만 허용되는 로마식 형벌이었다. 또한 빌라도는 알고 있었다. 예수님께 정치적인 죄가 없다는 것을! 그래서 빌라도는 명령한다. "너희가 저를 데려다가 너희 법대로 재판하라. 나는 그에게서 아무 죄도 찾지 못하노라." 빌라도는 예수님을 놓으려 힘썼다. 왜 그랬을까? 그의 인격이 갑자기 달라져서 그런 건 아니었다. 아마 타락한 죄인임에도 "신성에 대한 감각"(divine sense)을 지닌 한 인간으로서, 그리스도를 보는 순간 자신이 만났던 다른 누구와도 비할 수 없는 깊은 인상을 받았을지도 모른다. 범접할 수 없는 어떤 고귀함, 극심한 고초에도 흔들리지 않는 의연함, 자기가 평생 발버둥을 쳐도 근처에도 이르지 못할 어떤 깊이를 직감했던 것일까.

그러나 그것만으로는 아닐 것이다. 결정적인 이유가 있었으니, 그것은 바로 아내의 꿈이었다. 그녀는 그날 밤 악몽에 시달렸다. 그리고 급히 재판정으로 전갈을 보낸다. "저 옳은 사람에게 아무 상관도 하지 마옵소서. 오늘 꿈에 내가 그 사람을 인하여 애를 많이 썼나이다." 당시 로마 사람들에게 꿈은 절대적인 예지 같은 것이었다. 그런데 빌라도 아내의 꿈은 좋지 않은 어떤 운명에 대한 것이었다. 빌라도의 부인 글라우디오의 꿈에 관해 많은 이가 궁금해했다. 초대교회부터 내려오는 전승에 따르면, 그 꿈속에서 많은 이가 모여 "빌라도에게 고난을 받으사 십자가에 못 박혀 죽으시고"라고 말했다고 한다. 교회사 이천 년을 내려오는 신앙고백인 사도신경에 대한 꿈이었다는 것이다.

빌라도는 그리스도를 풀어 주고 싶어졌다. 하지만 그분을 따르고 싶었던 것은 아니다. 그분이 바라시는 삶을 선택하는 일은 더더욱 하지 않을 것이다. 다만 그분을 정죄하는 일만은 피하고 싶었다. 하지만 그는 그분을 위해 그 어떤 사소한 일도 하지 못한다. 칼뱅의 말처럼, 빌라도는 "말로는 그리스도에게 죄가 없다고 이야기하며 그를 놓아주면서 마치 그에게 죄가 있는 것처럼 처벌을 가하고 있었다."[2]

그날 밤 빌라도의 법정은 어딘가 평소와 달랐다. 원래 재판할 때는 로마 총독 관저의 뜰에 피고와 원고가 모두 모이는 법이다. 그러나 이날 밤 재판의 원고인 유대인들은 유월절 잔치를 위해 자신들을 더럽힐 수 없다는 이유로 재판정이 있던 뜰에 들어오지 않고 밖에 모여 있었다. 반대로 피고였던 예수님은 재판정 안에 계셨다. 그러다 보니 재판장인 빌라도는 예수님께 질문할 때는 재판정 안으로 들어오고 유대인들의 말을 듣기 위해서는 밖으로 나가는 일을 반복해야 했다. 그는 이리 왔다 저리 갔다할 뿐 아무것도 결정하지 못했다. 어째서 그랬을까? 그는 예수도 풀어 주고 군중도 만족시키고 싶어 했다. 하지만 유대인들이 두려워 그들을 만족시키려 함은 아니었다. 자신의 총독 자리를 지키려 했을 뿐이다. 유대인들이 황제에게 다시 상소할까 하는 두려움이 있었기 때문이다. 이 중년 남자에게는 더 이상 뒤로 물러설 여유가 남아 있지 않았다.

빌라도는 그를 정죄하고 싶지 않았지만 그렇다고 그를 선택하지도 않았다. 오히려 그는 (자기 비리를 황제에게 상소하겠다면서) 몹시도 압박하던 유대인들을 선택한다. 정확히 말하면 자신의 총독 자리를 선택한 것이다. 예수가 무죄임을 알았다. 하지만 결단하지 않았다. 결단하는 책임은 무리에게 넘기려 했다. "너희가 저를 데려다가 너희 법대로 재판하라, 너희는 내가 예수를 놓아주기 원하느냐? 아니면 바라바를 놓아주기 원하느냐?"

신약학자 리처드 보컴(Richard J. Bauckham)의 말처럼 "예수님을 사형에 처할 권한[인 '칼의 법'(ius gladii)]을 가진 유일한 [최종적인] 사람은 빌라도 한 사람뿐이었는데도" 그는 그렇게 하지 않았다. '그분에게 뭔가 이끌리는 힘도 느꼈고 그분의 편에 서야 한다는 거부할 수 없는 의무감도 느꼈지만 그렇게 했을 때 자기가 치러야 할 대가가 생각보다 너무 크다'는 걸 알았기 때문이었으리라.[3] 자기를 위해서라면 그 어떤 위험천만한 결정이나 도박도 마다하지 않는 그였지만, 예수를 위해서는 아무런 결정도 내리지 않았다. 자기 앞에 닥친 반갑지도 않은 상황을 끝내 빠져나가려고만 했을 뿐이다. 생각해 보면 그에게는 재판자라는 권한으로 인해 하나님의 아들과 깊이 만날 수 있는 절호의 기회가 있지 않았던가. 칼뱅은 "하나님의 아들이 유한한 인간 앞에 서서 심문을 받으신 것은 우리로 하여금 하나님 면전에 두려움 없이 서도록 하기 위해서"라고 말한다.[4] 어쩌면 그 첫 수혜자가 빌라도일 수도 있었다. 게다가 그는 예수를 (사법적으로) 구해 줄 수 있는 권한도 가지고 있지 않았던가! 하지만 그 권한을 쓰지 않았다. 총독 자리를 의식해서 주저했다. 그러는 자신이 답답했던지, 재판장 자리에 앉아 그리스도에게 네 가지 질문을 던진다.

"네가 무엇을 하였느냐?"
"네가 유대인의 왕이냐?"
"진리가 무엇이냐?"
"너는 어디로서냐?"

## 뒤집힌 자리

언뜻 보면 재판장인 빌라도가 피고인 예수에게 질문하는 모양새다. 하지만 그건 사실이 아니다. 허상이다. 그렇다면 재판의 실상은 무엇이었을까? 본래 헬라어에는 '자리에 앉다'라는 의미의 동사가 여럿 있다. 그런데도 사도 요한은 '재판석에 앉았다'는 뜻으로 '카티조'(καθίζω)라는 매우 독특한 동사를 사용한다. 흥미롭게도 '카티조'는 자동사이자 타동사였다. 무슨 말일까? 빌라도가 재판하려고 재판장 자리에 앉았다는 뜻도 되지만 빌라도가 재판받기 위해 그 자리에 앉혔다는 이중 의미가 있는 것이다.⁵ 그렇다면 빌라도가 재판정에서 주님에게 물었던 "영리하면서도 대단히 세속적인"⁶ 네 질문은 어쩌면 평생 야심과 성공만을 위해 내달려 온 그에게 되돌아오는 것일 수밖에 없다. 주님은 조용히 빌라도에게 되물으신다.

"그대야말로 평생 무엇을 했나요?"
"총독 자리에 앉아 보니 어떠신가요?"
"그대에게 진실이 있긴 한 건가요?"
"어쩌다 여기까지 왔는지 고백한 적은 있나요?"

성경은 그날 빌라도가 재판하는 것이 아니라 오히려 '십자가에 달린 진리이신 그리스도에게 재판받고 있었다'는 사실을 증언한다. 이를 두고 신학자 디트리히 본회퍼(Dietrich Bonhoeffer)는 말한다. "당신이 진리에 관해 묻고 있는 것이 아니라, 진리가 당신에 관해 묻고 있습니다."⁷ 그렇다. 내가 세상에서 어떤 판단을 내릴 때, 결정을 내릴 때, 선택할 때, 바로 그 순간 주님은 판단하는 나를 판단하신다. 결정을 내리는 나를 향한 그분의 결정이 따로 있다. 선택하는 나를 향해 그분도 어떤 선택을 하실 것이다.

하지만 '카티조'의 비밀을 빌라도는 알지 못했다. 그는 주님에 대해 어떤 선택도 내리지 않으려다 끝내 유대 민중을 선택한다. 아니 정확히 말하면 자신의 자리를 선택한다. 가끔 유대 유력자들이 총독의 비리 사실을 쥐고 있다가 본국 황제에게 진정서를 보내 총독들이 곤욕을 치르고 황제에게 미움을 사는 일이 있었음을 빌라도는 잘 알고 있다. 누구보다 그 자신이 그들의 탄원을 받은 티베리우스 황제로부터 "유대인들의 감정을 건드리는 방패 문제를 공개적으로 백지화하는 명령"을 받고 큰 낭패를 보았다.[8] 그래서였는지 그는 모여든 성난 무리에게 만족을 주고자 끝내 협박에 굴복한다.

이에 대한 존 스토트(John Stott)의 평가는 준엄하다. 빌라도는 "공적인 직책을 수행하는 면에서, 교회와 국가의 정당한 공직자 노릇을 하지 못했다. 그들은 우리 모두를 지배하는 흑암의 열정에 의하여 좌지우지되었다."[9] 하나님과 상관없이 평생 살아온 빌라도는 실상 자기가 재판을 하는 것이 아니라 유대 민중에게 재판당하고 있었다. 성경은 어떤 기록으로 빌라도에 관해 마무리하고 있을까? 마태복음에 나오는 그의 마지막 말은 다음과 같다. "무리 앞에서 손을 씻으며 이르되 이 사람의 피에 대하여 나는 무죄하니 너희가 당하라." 역사라는 맷돌의 무게를 알 도리 없던 백성은 겁도 없이 이렇게 맹세한다. "그 피를 우리와 우리 자손에게 돌릴지어다." 그리고 교부 암브로시우스의 말처럼 "물로 손은 씻었는지 몰라도, 그것으로 행실이 씻어지지는 않았던" 빌라도는 성경 무대에서 아주 퇴장한다.[10]

어쨌거나 빌라도는 자기 생애의 최정상에서 그리스도를 일대일로 만나는 절호의 기회가 주어진 자였다. 그는 비록 예수에게 얼마간 호감도 있었지만, 그의 심령이 좋은 땅이 아니라 "가시떨기"에 가까웠던지 "세상의 염려"가 닥쳐오자 끝내 예수를 선택하지 않았다(마 13:22). 교부 크리소스토무스(Chrysostomus)의 말처럼, 폭풍 치는 지중해 한복판에서 선상 반란 혹은 소요를 감수하고서라도 로마로 압송되던 죄수 바울을 선택하는 뜻을 끝까지 굽히지 않았던 백부장 율리오와는 사뭇 대조적이다.[11] 그가 고향 서바나를 떠나 로마로 찾아간 것도 로마가 아니라 자신을 위한 결정이었고, 결혼도 자기를 위한 선택이 아니었던가. 그리고 이 남자는 지금 그리스도가 아니라 자신을 선택한다. 정확히 말하면 자기 자리를 택한 것이다. 빌라도는 자기가 어떤 결단도 내리지 않았다고 생각했겠지만, 사실 그 '결정하지 않음'이야말로 가장 비극적인 선택이었다. 오늘 우리도 종종 결정을 유보하거나 회피하면서, 그것이 마치 중립적 태도인 것처럼 여길 때가 있다. 하지만 복음을 부끄러워하지도 그렇다고 선명히 따르지도 않는 '머뭇거림'은 결국 진리를 외면하는 또 하나의 선택일 수 있다. 결단을 미룬 자리에 은혜가 깃들기란 어려운 법이다.

## 남겨진 세 가지 유산

그렇다면 빌라도가 그토록 지키고 싶었던 그 자리가 그를 지켜 주었을까? 유대 역사가 요세푸스(Josephus)에 따르면, 그는 그로부터 불과 5년도 못 되어 사마리아 지방의 반란 사건에 책임을 지고 황제로부터 파면당한다. 그런데 소환 명령을 받고 돌아오던 길에 그의 자리를 좌지우지한다고 믿었던 티베리우스 황제마저 죽고 만다. 그때부터 그는 역사에서 자취를 감추었다. 그 뒤로 그를 본 사람은 아무도 없었다. 다만 요세푸스의 마지막 기록에 따르면, 그는 이후 어떤 승진이나 보직도 받지 못하다가 가이우스 황제 때 결국 자살로 영욕의 세월을 마친다. 빌라도의 생애가 마감된 주후 40년은 십자가 재판이 있은 지 10년도 채 지나지 않았던 때다.

사도 베드로는 옛적 예언자 이사야의 말씀을 늘 상기했다. "모든 육체는 풀과 같고 그 모든 영광이 풀의 꽃과 같으니 풀은 마르고 꽃은 떨어지되"(벧전 1:24). 우리 중에 나의 소중한 생명을 들풀과 바꾸는 사람이 있을까? 내 인생의 귀한 의미 대신 한 계절도 채우지 못하는 들꽃을 선택하는 사람이 있을까? 그런데 빌라도는 그런 선택을 하고 말았다. 인생이 판단이자 결정이자 선택의 연속이라는 것은 세월이 흐를수록 실감하는 진리가 아닐 수 없다. 빌라도는 예수를 놓으려고 애를 썼다. 하지만 그분을 놓아드리지는 못했다. 그 결단은 내리지 못 했다. 그런 후 천 년이 두 번이나 지났다.

그렇다면 오늘날 빌라도의 인생 결산은 무엇으로 남아 있을까? 먼저, 1961년에 발견된 유대 가이사랴 지방의 헤로디안 극장 터에 남아 있는 "라틴어 묘비"다. 이 묘비에는 빌라도가 "유대인의 사령관"이었다고 적혀 있다. 그가 그토록 붙잡고자 집착했던 자리가 지금은 흙먼지 속 한 묘비에 적힌 한 단어로만 남아 있다. 다음으로, 지금도 대영 박물관이 소장하고 있는 소위 "빌라도의 동전"이다. 하지만 이 빌라도의 동전에는 사실 그의 후임 벨릭스 총독이 종려나무 가지를 들고 서 있는 모습이 담겨 있다. 빌라도가 재임할 당시의 동전은 지금 남아 있지 않다. 그런데 그가 집착했던 그 자리에 다른 사람의 모습을 새긴 동전이 그를 비웃기라도 하듯 "빌라도의 동전"이라는 얄궂은 이름으로 박물관 유리 상자 속에 남아 있다. 마지막으로, 사도신경에 나오는 "빌라도의 이름"이다. "본디오 빌라도에게 고난을 받으시고…" 이 천 년 동안 빌라도가 자기 자리 하나 때문에 끝내 버리고 말았던 그 주님을 믿는 수십억 그리스도인들을 통해 주일마다 울려 퍼지고 있다.

인간은 미래가 어떻게 될지 모를 뿐 아니라, 그 미래의 모습이란 게 실은 상당 부분 지금 자기들의 선택에 달려 있다는 것도 모르지. 그들은 오히려 미래에 기대어 지금 선택을 내리려 들지.
(C. S. 루이스, 『스크루테이프의 편지』, 148)

# 갈망

> 손대지 아니한 돌이 산에서 나와서 쇠와 놋과 진흙과 은과 금을
> 부서뜨린 것을 왕께서 보신 것은 크신 하나님이 장래 일을 왕께 알게 하신 것이라.
> 이 꿈은 참되고 이 해석은 확실하니이다 하니.
>
> (단 2:45)

인간은 꿈을 먹고 사는 존재다. 영성학자 로널드 롤하이저(Ronald Rolheiser)에 따르면, 인간에게는 '내면의 갈망'이 있고, 이 갈망은 행동을 만드는 원동력이 되며, 삶의 방향과 형태를 결정짓는다.[1] 아무리 밤이 깊어도, 아니 밤이 깊기에 꿈을 꾸고 싶어 하는 존재가 인간이다. 인간은 눈에 보이는 걸 다 가져도 꿈을 잃으면 살 의미를 찾지 못한다. 반대로 아무것도 없어도 꿈만 있으면 다시 시작할 수 있다.

## 내가 제일 잘나가

바벨론 제국을 다스린 지 2년이 되는 해에 느부갓네살 왕이 꿈을 꾸었다. 그런데 그 꿈 때문에 왕은 마음에 번민이 찾아와 잠을 이루지 못한다. 어째서 왕은 한숨도 자질 못했을까? 어째서 꿈을 해석하지 못하면 가만두지 않겠다고 신하들에게 엄포를 놓은 것일까? 도대체 무슨 꿈을 꾸었기에 그토록 당황하고 격노했을까?

우리는 직감적으로 왕이 자기가 꾼 꿈의 실체를 어느 정도는 알아챘음을 알 수 있다. 왕은 그 꿈의 의미가 무엇인지 감을 잡았을 것이다. 그래서 속상했다. 당시 왕은 자신을 위한 계획을 마음에 품고 있었다. 아직 사람들에겐 드러내지 않았지만, 그의 가슴에서 피어나고 있는 꿈이 있었다. 그것은 금 신상을 세우는 일이다. 신을 위한 것이라 말은 했지만 실상 자신을 기념하기 위한 신상을 영원히 변치 않는 금으로 세우고 싶은 포부가 있었던 것이다.

그러던 어느 날 그토록 고대하며 그리던 금 신상(great image)이 기적처럼 꿈에 나타났다. 신상의 머리를 쳐다보니 순금으로 되어 있었다. 꿈이지만 왕이 얼마나 짜릿했을까? 그런데 가슴과 두 팔이 은으로 되어 있었다. 그것까지는 그런대로 괜찮았다. 배와 넓적다리는 동으로 되어 있었다. 점점 가치가 내려가는 것 같아 기분이 좋지 않았다. 종아리를 보니 철이었고, 발은 철과 흙이 섞여 있었다. 그러다 난데없이 어디선가 돌이 나오더니 이 금 신상을 쳐부수는 게 아닌가!

    길몽은커녕 흉몽이고 악몽이었다. 그토록 꿈꾸어 오던 금 신상이 여지없이 무너지는 꿈에서 깨어난 왕은 다시 편히 잠들 수가 없었다. 밤새도록 번민하다 아침이 밝기가 무섭게 울화통이 터진다. 평생 품었던 꿈이 무너지는 꿈을 꾸었으니 당연하다! 더는 남은 꿈이 없을지 모른다는 예감이 왕을 더욱 불안하고 초조하고 날카롭게 하였다. 왕의 모든 권력과 욕망을 상징하는 금 신상, 자신의 왕국을 찬란하게 보여 줄 'Idol'이 물거품이 되었다! 꿈에서 본 금 신상의 발판은 너무나 허약했다. 도무지 섞일 수 없는 철과 흙이 불안하게 공존했기 때문이다! 왕은 절대적이라 여기던 터전(ground)이 이미 흔들리고 있다는 사실을 간파하고 자신을 흔드는 세력이 누구일지 술객, 점쟁이, 술사를 총동원하여 알아내라고 윽박지른다.

    어디 느부갓네살뿐일까. 숱한 사람들이 제대로 알지도 못하는 모호한 꿈을 품고서 도시로 향한다. 대한민국 근대화의 역사도 도시화의 역사였다. 예전에는 시골 청춘들의 상경기를 담은 영화가 적지 않았다. 1997년 여명과 장만옥이 열연한 영화 <첨밀밀>에는 청춘남녀가 꿈을 찾아 중국에서 홍콩으로, 그리고 자유의 여신상이 있는 맨해튼으로 간다. 하지만 그들은 도시란 "인간을 발전시키기도 하지만 개인의식을 강화하는 장소"이기도 하다는 사실은 모르고 있다. "도시의 존재는 모든 행위를 자기 자신을 향해 집중시킨다."[2] 그래서 도시에 들어가기만 하면 죄다 자기중심적인 존재가 되는가 보다.

젊은 느부갓네살도 예외는 아니었다. 그는 왕이기에, 도시를 찾아가는 대신, 도시를 새로 만들고 거기다가 자신의 열망을 구현할 금 신상을 세우려 했다. 꿈이 크든 작든, 자신의 그럴듯한 이미지를 염원한다는 점에서는 유사하다. 아무도 다른 이를 위한 꿈은 꾸지 않는다는 점도 비슷하다. 가만 보면 도시에 살수록 유달리 자신만을 위해 꾸는 꿈으로 인해 날마다 울고 웃고 화내고 초조하고 불안해하곤 한다. 내 꿈이 이루어지지 않으면 어쩌나, 누가 내 꿈을 앗아가면 어쩌나 하는 두려움에 안식을 잃은 채 살아간다.

## 나만의 왕국 세우기

사람은 누구나 자신을 위해 조그만 왕국 하나를 만들고 싶어 한다. 아무리 조그만 가게라도 그 안에서 안전지대를 꿈꾼다. 철밥통을 하나 장만하고 싶어 한다. 요나처럼 박 넝쿨 그늘에 있고 싶고 남들에게 부러움의 대상도 되고 싶어 한다. 그런 욕망이 강할수록 세상이 너무 작은 나를 주목하지 않고 무시하고 흔들려 한다고 느낀다. 그럴수록 더욱 무시당하지 않고 설움당하지 않으려고 더욱 그럴듯한 왕국이 있어야 한다고 생각한다. 하지만 팀 켈러(Tim Keller)는 그런 현상에 대해서 "삶의 무엇이든 우상 노릇을 할 수 있다"고 경고한다. "모든 것이 하나님의 대용품, 즉 '가짜 신'(Counterfeit God)이 될 수 있다"는 것이다.[3] 이처럼 "각 개인의 마음은 일종의 미로와 같아서…하나님 대신 우상이나 환영을 스스로 만들어 섬기지 않는 사람이 거의 없을 정도다."[4]

더욱 심각한 문제는 이러한 갈망에 끝이 없다는 것이다. 자신을 위한 꿈에는 애초에 마침표가 없다. 조금만 더 힘을 키우고 외양을 가꾸면 괜찮을 것 같지만, 새로운 경쟁자가 나오고 예전에 없던 리스크가 속출한다. 세상 나라에서 일등이 된다는 건 결국 모두의 적이 되는 방법 외에 없다는 걸 뒤늦게 깨닫는다. 구약학자 김회권은 느부갓네살에게서 중국 황제들을 떠올린다. 북경 자금성에 가면 나무가 한 그루도 없다. 황제가 자객들 위협에 잠을 이루지 못한 나머지 나무를 다 베어 버린 것이다. 더 올라가려 할수록 더 가지려 할수록 잠은 엷어져 가고 식은땀만 흐르는 법이다.[5]

신학자 바빙크에 따르면, 본시 꿈이란 사람들이 아무리 많은 가치를 부여해도 "정말 믿지 못할 것"이다. "그럼에도 불구하고 하나님은 자신의 뜻을 알리기 위해 꿈을 [이스라엘 사람에게만 아니라 이방 사람에게도—저지] 사용하신다."[6] 성경은 자신을 위한 꿈이 금 신상에 지나지 않음을 이방 왕의 꿈을 통해 알려 주며 그 실체를 낱낱이 폭로한다. 신상의 머리와 얼굴은 금으로 그럴듯하게 빛나고 있다. 하지만 신상의 가슴과 두 팔은 얼굴 같지 않다. 은으로 되어 있었다. 언뜻 은도 좋다고 하겠지만 어디 금만 할까? 자신을 위한 꿈만 꾸는 사람, 자기 왕국만 세우려는 사람의 마음은 결코 그 얼굴을 따라가지 못한다.

## 금 신상의 본색

정치철학자 마키아벨리는 훌륭하고 유능한 지도자가 되려면 그 됨됨이보다 백성들에게 어떻게 보이느냐, 사람들에게 어떻게 이해되느냐가 중요하다고 강조한다. 그래서일까, 세상 지도자들은 자신의 이미지 메이킹에 어마어마한 돈과 시간과 에너지를 투자한다. 스타의 얼굴과 전문가의 이미지를 만들기 위한 홍보에 전념한다. 수많은 조력을 받아 가며 금으로 된 얼굴을 꾸며 브랜드로 만드는 데 성공한다. 하지만 얼굴이 아니라 마음을 위해서는 그만큼의 효과를 내는 화장술을 찾지 못한다.

 그래도 정말 노력하면 은으로 된 마음을 만들어 낼 수는 있다. 금으로 된 얼굴과 은으로 된 마음이 오롯이 하나가 되지는 못해도 최대한 노력을 해보는 것이다. 금의 원자량이 197이다. 은의 원자량은 107이다. 인간의 최대치 노력의 한계라고 할까. 그 이상으로 좁히기는 어렵다. 사람의 얼굴을 황홀할 정도로 아름답게 고치고 완벽할 정도로 단장하는 것이 성형과 화장술의 위력이지만, 사람의 내면은 그만큼 깨끗하게 가꾸기가 어렵다. 잘해 봐야 외모의 백분의 일 수준에도 미치질 못한다. 겉은 화려해도 속은 누추한 것이 우리 인간이다. 얼굴에서 마음으로 내려가는 순간 가치가 백분의 일로 떨어지는 것, 그것이 자기만을 위한 꿈을 꾸며 사는 이들의 자화상이다. 대학을 졸업하는 청년 중 어떤 이들은 원하는 직장에 들어가는 꿈을 이루기 위해 자기 얼굴에 적지 않은 투자를 하지만, 보이지 않는 마음에는 그리 투자를 하지 않는다. 하나님은 사람의 외모를 보지 않고 중심을 보시지만, 사람은 중심보다 외모를 우선시하기 때문이다.

마키아벨리 말대로 됨됨이보다 남에게 보이는 것이 중요한 시대라, 사람들은 주로 외모에 투자한다. 반면에 외모는 은이어도 마음만은 금이고 싶다는 선한 꿈을 꾸는 이들은 점점 희귀해지는 시공간이 바벨론이다. 오늘날 사람들은 자신의 외모가 이왕이면 휘황찬란해지길 바란다. 많은 시간과 지식과 재산을 쏟아붓는다. 칼뱅의 말처럼 "사람은 자기가 내적으로 품은 것을 [어떤 대가를 치르더라도—저자] 자기의 작품 가운데 표현하고자 일을 감행"하고야 마는 존재다. 하지만 칼뱅은 그런 "마음은 우상을 잉태하고 손은 그것을 출산"하는 결과를 낳는다고 꼬집었다.[7]

이렇게 꿈이 크든 작든 결국 나의 괜찮음을 만천하에 드러내고 인정받고 싶은 열망은 우리를 쉽사리 놔주지 않는다. 문제는 나의 그 꿈을 이루는 데 수많은 타인의 눈물과 땀과 피를 요구한다는 것이다. 마천루는 올라가도 비정규직이 늘어간다. CEO 연봉은 치솟는데 직원들 월급은 바닥이다. 자기를 위한 꿈을 꾸며 얼굴을 금으로 치장하고 가슴과 두 팔을 은으로 덮는 사람들의 배와 넓적다리가 정작 동으로 되어 있는 게 아닌가. 남들에게 보이기 싫은 이런저런 본능과 욕구들로 가득 차 있는 부분, 그 원자량은 65까지 내려간다. 이것이 금 신상의 실상이다. 처음엔 그럴듯하나 점점 본색이 드러나는 것이다. "인간은 자신이 숭배하는 것을 닮게 된다"는 톰 라이트의 말이 맞는다면, 본래 창조주를 닮았던 인간이 어느덧 (창조 질서 중에서도 무척이나 덧없는 것에 지나지 않는) 동의 속성을 닮아 가는 것이다.[8]

요한복음 2장 가나의 혼인 잔치 이야기를 보면, 포도주가 떨어지니 예수님이 물로 포도주를 만드신다. 그 포도주를 맛본 연회장이 감탄한다. "사람마다 먼저 좋은 포도주를 내고 취한 후에 낮은 것을 내거늘 그대는 지금까지 좋은 포도주를 두었도다!" 대개 사람은 처음에 제일 좋은 것을 꺼낸다. 처음 만날 때는 옷도 제일 좋은 것을 입고 나간다. 상대의 마음을 사려고 행동하게 마련이다. 데이트를 할 때도 처음엔 잘 참는다. 하지만 시간이 조금 지나면 그 사람의 실력이 다 탄로 난다. 따라서 세상 나라 금 신상의 얼굴은 금메달인지 몰라도 마음은 은메달, 배는 동메달 정도다. 그러나 사람이 어디 배까지만 있을까? 그것이 끝이 아니다. 더 내려갈 곳이 한참 남아 있다. 그곳은 종아리와 발이다. 왕의 꿈에서 종아리는 쇠로 되어 있었다. 게다가 발은 절반이 쇠, 절반이 진흙이었다. 가치가 한없이 내려간다. 오직 자기만을 위해 이기적인 욕망을 따르는 인생 곡선은 폭락하는 주식시장과 같다. 검은 금요일이 종말처럼 기다린다.

시간이 흐르면 사람은 변질되기 십상이다. 세상에서 만들어진 꿈에는 이처럼 다 변하는 속성이 있다. 가치가 한결같이 유지되기는 몹시도 어렵다. 처음에는 한동안 초심을 유지했을지 모르지만, 그 꿈을 이루려는 나 자신이 이기적 존재라 제아무리 높은 이상도 추락하기 마련이다. 쇠와 흙이 섞여 있는 금 신상 발의 현실이다. 자신을 위한 꿈을 갖고 살아가는 사람은 자기 꿈이 처음에는 금으로 시작한 것 같아도, 점차 은으로 종국에는 동으로 그것도 모자라 철과 흙으로 끝나 버리는 일장춘몽에 불과했음을 알게 될 것이다. 황금 같은 인기 위에 자기 인생을 세우려 하면 날마다 타인의 평가에 일희일비할 것이다.

은화 같은 재물 위에 자기 인생을 세우려 하면 날마다 시장에서 벌어지는 일들에 노심초사할 것이다. 겉모습 위에 인생을 세우려 하면 놋 거울 앞에 비친 내 모습에 휘둘리다 끝날 것이다. '아, 내가 붙잡으려던 것이 금도 은도 아니었고 놋도 쇠도 아니었구나', '알고 보니 다 진흙에 불과했어'라고 탄식하며 생애를 마칠 것이다. 이것이 하나님을 거부한 인본주의의 종언, 허무한 꿈의 결말일 것이다. 느부갓네살은 흔들리는 터전 위에 자신에게 주어진 그 엄청난 금과 은과 놋과 철을 쌓았으니, 모래 위에 집을 지은 형국이다.

## 흔들리지 않는 꿈의 터전

반면에 다니엘은 경우가 달랐다. 그저 포로가 되었기에 도시로 끌려왔을 뿐, 자신을 위한 어떤 꿈과 야심이 있어서 바벨론으로 찾아온 것이 아니다. 모두가 자기 나름의 왕국을 세우고 있거나 누군가의 왕국을 세워 주려고 바벨론에 왔지만, 다니엘은 반석과 같은 하나님의 나라를 꿈꾸었다. 그는 한순간도 자신을 위한 꿈을 꾸지 않았다. 그랬다면 바벨론 왕이 하사하는 진미와 포도주를 굳이 거부할 이유가 없다.

결국 금 신상이란 무엇일까? 신상은 각자의 열망이다. 되고 싶은 이미지다. 다들 남다른 존재가 되고 싶어 한다. 그것 때문에 일하고 공부하고 발표도 한다. 사람은 영적인 존재라서 그냥 먹고 사는 것만으로는 만족하며 살 수가 없다. 영적인 존재란 본래 관계적인 차원에서 충만해져야 만족하기 마련이다. 그러니 자신이 중심이 되고 부각되는 금 신상의 꿈이 보여 주는 진실은 다들 우상이 되고 싶어 한다는 것이다. 신학자 밀리오리의 탄식처럼, "우리 시대도 예외가 아닌 것이 자기 충족감이라는 매혹적인 우상 숭배와 같은…복음에 대한 온갖 복제품이 양산되고 있지" 않은가![9]

하지만 다니엘은 우상이 되려는 금 신상 꿈을 꾸지 않았다. 그런 방식으로 영적인 존재감을 채우려 하지 않았다. 금테 두른 엄친아가 되는 데 생의 목적이 있지 않았다. 그가 바라보는 대상은 하나님이었다. 자기는 금 신상의 형상 말고, 하나님의 형상임을 진작부터 알고 있었다. 다니엘은 자신이 하나님의 형상이기에 영적 존재인 자신을 가장 먼저 하나님으로 채우려 한다. 하나님으로부터 받는 사랑과 은혜와 인정으로 자신의 삶을 채우려 한 것이다. 다니엘은 우상의 속성이 아니라 하나님의 성품이 자신의 인격에 가득 채워지길 바랐다. 교만이 아니라 겸손으로, 미움이 아니라 사랑으로, 다툼이 아니라 화해로, 악담이 아니라 축복으로, 경쟁이 아니라 협력으로 자신의 머리와 가슴과 배와 다리와 발까지 차례대로 채운다. '나'를 드러내지 않고, 내 안에 역사하시는 '하나님'을 드러내는 삶을 갈망했다. 아마도 그는 신앙인으로시, 밀리오리의 바람처럼 "우리의 충성을 요구하는 권력, 부, 민족, 인종이라는 우상들에게 필연적으로 이의를 제기"하곤 했을 것이다.[10]

그러다 보니 세상에서 일상의 삶의 터전이 흔들릴 때조차 다니엘은 당황하거나 낙심하지 않을 수 있었다. 어차피 세상에서 세우려 했던 금 신상 자체가 없었기 때문이다. 그래서인지 그는 자기 얼굴에 금가루를 뿌린 적도 없었고, 자기 마음을 은으로 채우려 한 적도 없었다. 그는 자기 삶의 터전을 뒤흔들고 위협하려는 왕을 부러워하지도 않았지만, 그렇다고 해서 경멸하거나 미워한 것 같지도 않다. 단지 왕을 안타까이 여긴 듯하다. 하나님을 모르는 바벨론에 우월감을 느낄 필요는 없지만, 열등감을 가질 필요도 없기 때문이다. 루터는 "당신의 마음이 집착하고 자신을 맡기는 바로 그것이 정말로 당신의 신"이라고 말한다.[11] 그는 "돈, 소유, 권력, 명성, 가족, 혹은 국가가 사실상 우리 하나님이 될 수 있음"을 경고한 것이다.[12] 그러나 다행히도 다니엘은 금 신상의 얼굴이나 은빛 찬란한 가슴에 시선을 빼앗기지 않고, 그 아래 떠받치는 발이 그저 철과 흙의 어설픈 동거임을 정확히 포착하고 있었다.

따라서 다니엘은 (신학자 틸리히가 말하는) '흔들리는 터전'(shaking foundation)에 좌우될 수 없었다. 그에게는 모든 흔들리는 터전이 그 위에 놓인, 움직이지도 흔들리지도 않는, 영원히 지속되는 분에게서 공급되는 (세상의 모든) "흔들림을 견디는 힘"과 함께했기 때문이다.[13] 세상 사람들에게는 다 죽게 된 다니엘의 삶의 터전이 모조리 흔들리는 것처럼 보일지 모른다. 그의 삶의 토대를 마구 뒤흔드는 왕의 권력이야말로 막강하고 대단한 것처럼 보일지 모른다. 그러나 실상은 그렇지 않다. 왕이야말로 자기 권력의 토대가 흔들린다는 걸 직감하자 광분하여 많은 이의 삶의 터전을 흔들어댔고, 그 때문에 (세상에 속하지는 않았어도 세상에서 살아가는) 다니엘의 터전이 잠시 흔들린 것처럼 보였을 뿐이다.

하지만 다니엘은 자신의 삶의 터전이 흔들리는 것 같은 순간에도 아무런 반응을 보이지 않았다. 그렇게 할 수 있는 내공은 그에게 자신의 꿈을 위한 금 신상이나 금송아지 같은 대상이 없다는 데서 나온다. 반면에 바벨론의 모든 관료는 자기만의 금 신상을 두고 있었기에 왕이 광분하자 그것이 무너질까 봐 당황하고 놀랐다. 하지만 다니엘은 자기 삶의 토대를 금, 은, 동이나 철과 흙에 두지 않고, 오직 영원하신 하나님께 두었다. 그렇기에 절박한 위기의 순간에 침착하고 지혜롭고 담대하게 응전할 수 있었다. 아무리 막강해 보여도 세상 권세는, 금으로 시작했지만 점차 은이 되고 동이 되고 철이 되고 마침내 흙으로 돌아가고 마는, 그저 지나가는 것들에 불과함을 소상히 알고 있었다. 다윗에게 골리앗의 약점인 이마를 파악하고 쳐서 무너뜨린 물맷돌이 있었던 것처럼, 다니엘에게는 금 신상의 철과 흙으로 된 발을 쳐서 우상을 무너뜨릴 흰 돌이신 메시아를 허락하시는 하나님을 향한 굳건한 신앙이 있었다.

요한계시록에서 그리스도의 발은 진흙이 아니라 풀무 불에 단련한 빛난 주석이다. 주님의 가슴은 은이 아니라 금띠였다. 그분의 눈은 불꽃같았다. 예수님이 알파와 오메가이시다. 처음이요 나중이시다. 그렇기에 바벨론의 금 신상이 그리스도인의 삶의 목표와 방향이 될 수는 없다. 오직 그리스도의 형상만을 꿈꾸어야 한다. C. S. 루이스처럼 "그리스도와 유사한 그 무엇이 아닌, 그리스도를 원합니다"라고 고백해야 한다.[14] 결국 우리 주님처럼 '내 가는 길만 비추기보다 누군가의 길을 비춰주는' 겟세마네 동산을 닮은 삶이 된다면, 그가 바로 다니엘일 것이다. 그리스도인에게는 오늘 세상 모두가 꿈꾸는 금 신상이 없다 해도 괜찮다. 금 신상이 아니라 주님의 형상을 열망하는 자, 그래서 "많은 사람을 옳은 데로 돌아오게 한 자는 별과 같이 영원토록 빛나리라"(단 12:3).

# 지혜

지혜로운 자와 동행하면 지혜를 얻고
미련한 자와 사귀면 해를 받느니라.

(잠 13:20)

노르웨이의 작가 요슈타인 가아더(Jostein Gaarder)는 『소피의 세계』에서 소크라테스를 철학자 중 지혜가 무엇인지 가장 잘 알았던 사람이라고 소개한다. 훗날 사도 바울의 소감을 빌리자면, 소크라테스가 살았던 아테네는 우상으로 가득한 다신교의 본산이었다. 당시 아테네의 지존에 해당하던 아폴로 남신이 지혜를 관장하면서 따로 상담을 통해 지혜를 조언하던 메티스 여신까지 둔 걸 보면, 고대 그리스인들이 얼마나 지혜를 염원했는지 짐작이 간다.[1] 인간은 지혜의 창고를 소유한 그리스 신들에게 어떻게든 잇대어 문고리라도 붙들고 싶어 했다. 그래서일까? 신들과 인간 사이에서 전령이자 항해사들의 수호신으로 이중직을 수행하던 헤르메스 신의 이름 자체가 꽁꽁 숨겨진 탓에 찾기가 애매모호해서(hermetic) 도달할 수 없다는 뉘앙스를 지니고 있다.[2] 그렇다면 인간이 위험한 항해를 감수하면서까지 찾고 싶어 하던 신들의 지혜는 무엇이었을까? 하나는 자연에 대한 물음이었고, 또 하나는 인간과 생활에 대한 물음이었다.

## 모름을 아는 지혜

키케로에 따르면, 철학(지혜에 대한 사랑)을 하늘(자연)에서 땅(인간과 생활)으로 불러낸 사람은 소크라테스였다. 오늘날 대한민국 국민이 부동산과 주식에 열을 올리듯, 당시 아테네 시민들은 (부귀공명을 가져다줄) 지혜에 열을 올렸다. 오죽했으면 사도 바울조차 "유대인들은 표적을 구하고 헬라인들은 지혜를 구하지만"이라고 말했을까. 그런데 이처럼 사람의 이목을 끄는 영역에는 반드시 전문가 행세를 하는 집단이 나타나기 마련이다. (승자가 되는) 지혜를 갈망하는 시대에는 자칭 현자들이 등장한다. 인생, 윤리, 생활, 처세에 대하여 재치 있는 몇 마디 말로 사람들을 현혹해 돈을 버는 소피스트들이 도시마다 집집마다 자리를 틀기 시작했다. 하지만 그들은 뭔가 아는 척하는 데 선수였지 정말로 무언가를 아는 것은 아니었다.

    반면에 소크라테스는 우주와 인간에 대해 자기가 조금밖

에 모르고 있음을 토로한다. 그래서인지 누구 앞에서도 뭘 모르는 척, 더 어리석은 척했다. 누구에게라도 가르치려는 태도보다 배우려는 마음을 지녔다. 따라서 대답하기보다 오히려 질문했다. 소피스트와는 영 딴판이었다. 정답도 없으면서 오답 노트만 들고 다니던 소피스트와 달리, 그는 백지 노트를 문답법으로 써나가는 방식을 선택했다. 누구나 영리하게 보이고 싶어 애쓰던 시대에 유독 그만은 예외였다. "내가 알고 있는 단 한 가지는, 내가 아무것도 모르고 있다는 사실이다."[3]

헤르만 바빙크에 따르면 특별계시(성경, 그리스도)뿐 아니라, 이처럼 일반계시(자연, 양심, 이성)도 하나님의 지혜를 얼마간 얻는 통로가 될 수 있다.[4] 아우구스티누스는 일반계시가 불충분한 것이지만, 이방인들 중 그리스도인들이 유익하게 사용할 수 있는 약간의 진리가 들어 있다고 설명한다. 철학이 목표는 알지만 거기에 이르는 길은 알지 못한다는 그의 지적은 있지도 않은 지혜를 팔아먹는 소피스트와는 무관한 말이다. 수메르, 바빌로니아, 아시리아, 이집트의 지혜와 견주어도 손색이 없는 이스라엘의 지혜를 담은 일반계시로서의 잠언 경구는 소크라테스와 같이 자신은 아무것도 모른다는 겸손한 철학자에게나 해당할 것이다. 지혜를 향한 인류의 탐구는 바빙크의 말처럼 기껏해야 불확실하고 일관성도 없고 서투르게 모방하지만, 오류와 뒤섞이게 마련이고 대부분의 사람에게 도달 불가능한 것이었다. 하나님의 일반계시는 사람들이 신적 지혜를 갈망하고 의문이 살아 있게 하는 정도일 뿐 그 갈망을 온전히 충족시키는 일이 없었다. 그래서인지 철학자 파스칼은 그리스도교의 무한한 지혜와 인간의 어리석음을 상반된 것들의 대표로 꼽았다.[5]

## 성경이 말하는 지혜

신학자 김균진에 따르면, 성경은 세상이 삼위 하나님의 지혜라는 기초 위에 있고 그분의 계속된 섭리 안에 있다고 증거한다.[6] 구약성경의 지혜문학(욥기, 시편, 잠언, 전도서)은 창조신앙에 담긴 지혜를 눈에 보이지 않는 추상이 아니라 손에 잡히는 인격으로 설명한다. 구약성경은 자연, 인간, 역사, 일상을 떠받치며 유익하게 해주는 지혜(הָמְכָח, '호크마')의 포괄적 실재(reality)가 무엇인지 삶의 경험, 실제 조언, 실용 기술, 숙련 지식, 윤리 감각 구석구석에 걸쳐 바늘로 콕콕 찌르듯 개인적, 실존적, 구체적, 미시적으로 알려 준다.[7] 특히 잠언이 말하는 지혜는 한마디로 "인간이 마땅히 지켜야 할 도리"일 것이다.

물론 구약학자 송민원은 구약성경의 지혜가 하나님을 닮아서인지 단순하지 않다고 말한다. 그는 성경의 지혜를 크게 두 가지, 즉 '규범적 지혜'(Standard Wisdom)와 '반성적 지혜'(Speculative Wisdom)로 구분하여, 전자를 '올곧은 지혜' 후자를 '삐딱한 지혜'라고 지칭한다.[8] 규범적 지혜는 우리가 사는 세상에 하나님이 정하신 특정한 패턴이 있다는 걸 잘 이해하고, 그것에 맞게 실제적인 삶의 문제를 해결하기 위해 근면하게 노력하며 사는 지혜자 솔로몬의 마음이다. 반성적 지혜는 세상의 모든 패턴에 예외가 있다는 것도 인정하며 삶의 의미를 묻는 경건한 지혜자 욥의 마음이다. 규범적 지혜는 창조된 패턴을 통해 역사하시는 질서의 하나님을 경외하며 따르는 마음이고, 반성적 지혜는 창조된 패턴에 갇혀 계실 수 없는 자유의 하나님을 경외하며 여쭙는 마음이다. 규범적 지혜를 추구하는 신앙인은 하나님을 설명하려는 노력을 기울이기보다 하나님이 인간에게 원하시는 바가 무엇인지에 초점을 둔다. 반성적 지혜를 추구하는 신앙인은 인간의 보잘것없음과 하나님의 신비한 초월성 앞에 겸손히 엎드리며 송영을 올리는 데 초점을 둔다. 아우구스티누스도 "오직 바닥에 내려가는 엎드림(prosternere)만이 하나님의 지혜의 높은 곳에 오르게 만든다"라고 고백한다.[9]

이 두 가지 지혜가 오롯이 어우러진 예로는 미국의 농학자 조지 워싱턴 카버의 생애가 손꼽을 만하다.[10] 그는 19세기 면화 농사로 황폐해진 미국 남부 농장의 지력을 회복하려면 땅콩을 심어야 한다는 사실을 발견했다. 그의 조언으로 땅콩을 심은 땅은 회복되었지만, 대신에 수요공급이 맞지 않아 땅콩 가격이

대폭락한다. 그러자 너무나 괴로운 나머지 카버는 10월의 어느 날 새벽, 산에 올라 떠오르는 해를 바라보며 이렇게 기도했다. "오, 하나님. 당신은 무엇을 하시려 이 우주를 창조하셨나요?" 그의 마음에 대답이 들려온다. "너의 소견을 가지고 너무 큰 것을 알려 하지 말고 네게 알맞은 것을 물어 보렴." 우주를 인간으로 바꾸어 물어도 대답은 같다. 진정 원하는 질문을 솔직히 해보라고 재차 말씀하시는 하나님께, 카버는 한참을 망설이다 다음과 같은 질문을 꺼낸다. "하나님, 당신은 무엇을 하시려고 땅콩을 만드셨나요?" 그러자 그의 마음에 들려온 마지막 음성은 "옳지 됐다. 너는 땅콩을 한 줌 들고 실험실로 들어가서 연구를 계속 하려무나"였다. 그 후로 실험실에 들어간 카버가 밤낮없이 지혜와 지식을 다해 땅콩으로 만들어 낸 물건은 300가지가 넘어 미국 경제를 획기적으로 바꾸어 낸다. 그의 생애만큼 구약 시대 지혜문학을 오롯이 비추는 현대 상영관이 또 있을까 싶다. 그의 삶을 통해 알 수 있듯이, 규범적 지혜든 반성적 지혜든 그 공통 전제는 하나님을 경외하는(ירא, '야레') 마음만이 지혜와 지식을 담는 그릇이 될 수 있다는 고백이다. "여호와를 경외하는 것이 지혜의 근본이요"(잠 9:10), "여호와를 경외하는 것이 지식의 근본이거늘"(잠 1:7).

여기서 한 가지 주의할 것은 잠언에서 말하는 지혜와 지식이 동일 범주에 있다는 점이다. 지식은 머리로 지혜는 삶으로 얻어진다는 통념과 달리, 잠언이 말하는 지혜와 지식은 평행법 용어로서 "하나님이 창조하신 패턴을 잘 알고 거기에 따라 사는 것"을 통칭한다.[11] 따라서 규범적이든 반성적이든 하나님을 경외하는 인간의 지혜와 지식은 시대와 문화와 역사를 관통하는 '인류의 공통된 삶의 실재'를 마주하며, 거대한 난관에도 생명의 길을 용기 있게 걸어가는 태도와 직결된다. 소크라테스의 지혜가 아는 것이 거의 없는 유한한 인간의 실존을 직시한다면, 솔로몬의 지혜는 지혜의 근본이신 무한한 하나님의 실재를 직시한다. 사람이 경외해야 마땅한 하나님은 지혜로 만물을 창조하시고 인생을 섭리하시고 역사를 주관하시며 '모든 것이 서로 적절하게 맞물려 돌아가도록' 섭리하신다.[12]

구약성경에는 지혜가 하나님의 공동사역자로 의인화되어 나오지만(잠 3:19) 신약성경에는 하나님의 아들로 성육신되어 나온다(고전 1:24). 지혜는 삼위일체 하나님 혹은 "하나님 안에 있는 하나님의 자기구별"이라는 존재적 구조에 있으며, 특히 성자 예수 그리스도의 위격 혹은 속성에 해당한다.[13] 성경인 시편과 외경인 집회서를 망라하는 구약 시대 지혜문학에는 하나님이 창조하신 세계의 아름다움을 노래하면서 우주의 모든 부분에 구체화된 그분의 지혜를 찬양하는 변주곡이 끊이지 않는다. 시인 랄프 왈도 에머슨(Ralph Waldo Emerson)은 "아름다움은 하나님의 필적"(Beauty is God's Handwriting)이라 했다. 그렇다면 하나님의 펜과 잉크는 무엇이었을까? 그분의 지혜와 생명 아니었을까? 그분의 지혜에서 흘러나오는 생명이 아름답게 펼쳐진 우주와 인간과 역사와 일상 모두가 그야말로 "하나님의 영광이 가득한 극장"(칼뱅)인 것이다. 온 우주를 꽉 채우는 하나님의 영광은 하나님을 경외하는 지혜롭고 겸손한 자의 영안으로만 볼 수 있고, 하나님을 부인하는 어리석고 교만한 자의 육안으로는 볼 수 없다.

## 지혜의 역설

그 누구보다 지혜와 우둔함의 대조를 삶으로 깨달았던 사도 바울은 초대교회 중 가장 헬라의 지혜 중독에서 헤어나지 못하고 소피스트 흉내를 내면서 너는 바울파 나는 아볼로파 하던 고린도 교회에 하나님의 지혜로움과 인간의 어리석음을 통렬히 비교하여 보여 준다. 당시 고린도는 말 잘하는 사람, 대중 웅변가, 수사학 선생, 변호사, 현인, 권력자, 귀족이 득실대던 도시였다. 하지만 그들이 알고 싶던 지혜는 대중의 이목을 사로잡고 출세하는 데 도움이 되는 온갖 기교에 지나지 않았다. 사정이 이러하니 십자가에서 처형된 예수는 그곳 현자들에게 메스꺼운 소재일 수밖에 없었다. 하지만 바울은 헬라인에게 미련한 십자가로 치부되던 하나님의 어리석음이 고린도에 득실대던 그 어떤 지혜보다 월등히 낫다고 자신한다.

톰 라이트의 비유처럼, 바울은 세상의 지혜가 지난주에 생산된 값싼 브랜디라면 그리스도의 지혜는 백 년 묵은 브랜디와 같다고 고린도 교인들에게 말하는 것 같다.[14] 거짓 현자 소피스트들이 권하는 가짜 꿀을 진짜 꿀인 줄 알고 평생 먹고 살아왔다면, 진짜 꿀을 맛보고 자기를 속인다고 화를 내도 이상할 것이 없다. 오히려 진짜 현자 소크라테스가 들려주던 진짜 꿀 이야기를 안다면, 마침내 그 꿀을 먹게 되었을 때 얼마나 감격했겠는가. 시인 프랜시스 부르디옹(Francis W. Bourdillon)은 "밤은 천 개의 눈을 가지고 있고 낮은 오직 하나의 눈을 가지고 있다. 하지만 밝은 세상의 빛은 해가 지면 사라지고 만다"라고 노래한다.[15] 그처럼 바울도 지난 시대의 천 개의 지혜와 오는 시대의 단 하나의 지혜로 대전환을 가져오신 태양 같은 그리스도의 지혜를 고린도 교회에 보낸 편지에 꾹꾹 눌러썼다. "아무도 스스로를 속이지 마십시오. 여러분 가운데 어떤 사람이 이 세대에서 스스로를 지혜롭다고 생각한다면, 바보스러워지십시오. 정말로 지혜로워지기 위해서는요. 이 세상의 지혜는 하나님 앞에서는 바보스러운 것이니까요. 성경에 이렇게 적혀 있습니다. '그분은 지혜로운 사람들을 자기 꾀에 빠지게 하신다네.' 이렇게도 적혀 있습니다. '주님은 알고 계십니다, 지혜로운 사람들의 생각들을, 그것들이 헛되다는 것을'"(고전 3:18-20, 새한글성경).

성경은 인간을 하나님의 형상(image)이라고 한다. 한마디로 하나님의 거울인 셈이다. 거울은 그저 가까이 있는 것을 비출 뿐 스스로는 아무것도 아니다. 마녀의 거울은 마녀를 비추고 공주의 거울은 공주를 비추지만, 하나님의 거울은 하나님을 비춘다. "지혜로운 자와 동행하면 지혜를 얻는다"라는 잠언 경구는 사람의 지혜가 하나님의 지혜를 비추는 거울일 때에만 진정 지혜 노릇을 할 수 있다는 의미일 것이다. 로고스이자 소피아이신 예수 그리스도만이 하나님의 지혜와 사람의 지혜, 규범적 지혜와 반성적 지혜가 오롯이 하나가 된 전대미문의 사건이다. 하지만 그러한 주님의 구속적 지혜조차(아니 그 지혜야말로) 저 하늘에서 뚝 떨어진 게 아니라 이 땅에서 소년 시절부터 온갖 풍상을 겪어 내며 빚어진 것이다. "예수는 지혜와 키가 자라가며 하나님과 사람에게 더욱 사랑스러워 가시더라"(눅 2:52).

그에 반해 영화 <굿 윌 헌팅>에서, 천재적 두뇌를 타고났지만 불우한 환경에서 자란 대학 청소부 윌은 세상에 모르는 것이 없다는 듯 자신만만하다. 그러나 심리학 교수 숀이 그의 마음을 꿰뚫는 말로 바늘처럼 콕 찌른다. "너 고아지? 네가 뭘 느끼고 어떤 앤지 올리버 트위스트 한 권만 읽어 보면 다 알 수 있을까? 그게 널 다 설명할 수 있어?" 그렇다. 지혜란 단순한 정보가 아니다. 교부 이레나이우스(Irenaeus)의 말처럼, 사람은 하나님의 '형상'에서 '모양'으로 빚어져 가는 여정 속에서 비로소 지혜를 얻는다. 머리로만이 아니라 가슴으로, 이론이 아니라 실천으로, 선언이 아니라 고백으로 겪어 내는 상급인 것이다.

그래서일까? "나는 아무것도 아닙니다. 주님의 지혜가 없으면"이라고 찬양을 부를 때면 시인 커밍스(E. E. Cummings)의 한 구절이 정답 노트처럼 펼쳐지곤 한다. "나는 당신의 마음을 지니고 다닙니다. 내 마음속에 지니고 다닙니다. 한 번도 내려놓을 때가 없습니다."[16]

# 일상의 자리

뿌리내림과 열매맺음

## 일터

주께 합당하게 행하여 범사에 기쁘시게 하고
모든 선한 일에 열매를 맺게 하시며
하나님을 아는 것에 자라게 하시고.

(골 1:10)

### 재난이 알려 준 일의 진실

수년 전 코로나19로 온 세상 일터가 갑자기 정지해 버린 것 같은 초현실주의적 풍경이 펼쳐졌을 때, 나는 20년 전에(그리고 6년 전에) 읽었던 크로아티아 출신 조직신학자 미로슬라브 볼프(Miroslav Volf)의 경고가 연거푸 떠올랐다.

우리는 숨 쉬기에 필요한 공기만큼이나 일을 당연시한다. 해고나 은퇴 혹은 정상적으로 일을 할 수 없게 된 경우를 제외하면, 잠시 멈추어 서서 우리가 하는 일이 우리 자신에게 지니는 중요성 혹은 역사 내내 행해진 모든 인간의 일의 총합이 인류의 삶에 지니는 중요성에 대해 생각해 보는 일은 거의 없다. 만약 전 세계가 아주 긴 휴가(an extended common holiday)를, 예를 들어 몇 달 동안 휴가를 갖기로 결정하고 그 기간 동안 아무 일도 하지 않는다면 무슨 일이 일어날지 예상하기란 어렵지 않다. 전 세계 인구는 그 휴가가 채 끝나기도 전에 멸종할 것이다.[1]

기후변화가 환경에 치명적인 영향을 미치고, 전염병이 전 세계로 퍼질 가능성이 있고, 권력과 부와 기술의 불평등이 갈수록 심화되고, 새롭게 부상하는 인공지능이 인간을 무용하게 만들려 하고, 적을 불사르고 참수하고 위대한 문명 유산을 파괴하는 야만적 테러가 세계적으로 확산되는 것과 같은 위협들은 많은 사람을 우울하게 만든다.[2]

이렇게 전염병 시대를 자신도 모르게 예견했던 볼프는 자신의 일생의 관심사가 일에 관한 신학적 탐구였다고 고백한다. 사람이 많은 시간을 노동에 쓰며, 그 노동이 사람의 인성을 형성(formation)하기 때문이라는 것이다. 영국의 작가 도로시 세이어즈도 비슷한 말을 한 적이 있다. "어떻게 사람들이 자신의 삶에서 90퍼센트에 해당하는 영역에 관심을 두지 않는 종교에 계속해서 관심을 둘 수 있단 말인가?" 제2차 세계대전이 발발한 지 1년쯤 지났을 때, 그녀는 전쟁 이전의 노동의 본성을 돌아보며 전쟁 이후의 노동 방향에 대한 전망을 담은 짧지만 고전의 반열에 들 만한 강연을 했다. 세이어즈는 인간이 왜 일하는지, 특히 어떤 마음으로 일해야 하는지 풀어내면서, 돈을 벌기 위해 일을 하는 기존 문화를 청산하고, 일 자체를 위해 일을 하는 새로운 문화를 창출하지 않으면 제2차 세계대전의 고난과 희생은 아무런 의미도 소득도 없는 것이 되고 만다고 일갈했다. 세계대전 이후 문명 세계의 운명은 전쟁 기간에 사람들 마음에 노동관의 혁명적 변화가 얼마나 각인되느냐에 달려 있다고 보았다. 전쟁 이전 일의 세계는 질투와 탐욕에 기초한 사회 체계였다. 생산을 계속 가동하기 위해 인위적으로 소비를 자극해야 하는, 일종의 쓰레기더미 위에 세워진 사회, 한마디로 모래 위에 세운 집이었다는 것이다.

그러니 어쩌면 제2차 세계대전은 그러한 잘못된 사회의 막다른 골목에서 마주칠 수밖에 없는 여호와의 군대 장관을 닮은 것도 같다(수 5:15). 인간의 마음 습관, 물질에 대한 태도, 일하는 동기와 목적은 여간해서 바뀌지 않기 때문이다. 세이어즈는 그러한 "잘못된 태도는 전쟁 덕분에 억지로라도 바꾸지 않으면 안 될 정도로" 심각했다고 토로한다.[3] 전쟁은 언제나 낯설고 고통스러운 일이었던 마음의 습관을 바꾸도록 강제한다는 것이다. 더 이상 사람들은 옷을 고치기 귀찮아 그냥 버릴 수가 없다. 유행에 따라 자동차를 매년 바꿀 수가 없다. 전등을 끄는 것이 귀찮아 한가로이 계속 켜둘 수도 없다. 출력해서 보아야 할 내용인지 확인하지도 않고 종이를 낭비할 여력이 없다.

　세이어즈는 전쟁이라는 공통의 곤경을 통해 인간이 세상의 진정한 부의 원천이 사람의 노동과 땅의 소산 외에 존재하지 않음을 각성하게 된다고 역설한다. 한마디로 인간은 먹고살기 위해 일하는 존재가 아니라, 일하는 존재로 살아가기 위해 먹고산다는 것이다. 사실 인간이 돈을 위해 일하면 일을 잘할 수 있을 것 같지만 그것은 착각이다. 돈을 위해 일하기 시작하면 일과 친해지기가 어렵다. 일은 돈을 위한 도구, 돈이라는 목적을 위한 하위 수단이 되고 만다. 인간에게 일은 달콤한 친구가 아니라 일종의 피곤한 적이 되고 만다.

　하지만 성경은 인간이 일하시는 하나님의 형상을 닮아 지어진 오묘한 존재라고 말한다. 자신이 꼬박 6일 동안 정성 들여 만든 작품인 우주를 보시고 "보시기에 좋았다"고 기뻐하며 만족하신 하나님을 꼭 닮은 존재로 지어진 인간이기에, 사람은 누구나 자기가 최선을 다해 노동해서 만든 결과를 하나의 작품처럼 볼 수 있어야 만족한다는 말이다. 따라서 진정 행복한 사회가 되고 모두가 좋은 삶을 누리려면, 더는 각자의 이기적인 갈망을 채우기 위해 돈을 벌겠다는 마음가짐으로 일하는 경제가 아니라 일하는 것 자체를 소중히 여기고 그것을 자랑스럽게 대우하고 보상해 주는 경제, 다시 말해 '하나님의 나라와 그의

의'를 위해 일했더니 좋은 결과로서 '이 모든 것이 더해지는' 경제가 되어야 한다고 성경은 알려 준다.

## 모래 위에 지은 일

이러한 노동의 본성을 간파했던 세이어즈는 인간의 경제적 미래는 전쟁이 끝났을 때 일과 일의 열매에 대한 새로운 깨달음, 즉 노동의 가치가 돈이 아니라 일 자체로 평가되는(그야말로 성경적인) 새로운 사회 체제를 형성할 수 있을 것인가, 아니면 전쟁 이전에 '높은 생활 수준'이란 이름으로 받들던 탐욕과 낭비의 문명, 사치스러웠던 소비와 안락을 부추기던 예전 생활로 되돌아갈 것인가에 달려 있다고 전망했다.[4] 그리고 노동의 가치와 본성을 왜곡하는 과거의 세속 경제로 회귀하는 결과는 또 다른 전쟁의 도래로 귀결될 것이라 경고했다. 낭비의 경제, 화려한 경제, 일보다 돈이 중요한 경제, 좋은 일을 하기보다 수지맞는 일을 부추기는 문화에는 반드시 몰락의 순간이 찾아올 것이라는 말이다.

그녀의 경고에도 불구하고, 지난 70년 동안 인류 문명은 제2차 세계대전의 뼈저린 교훈을 망각하고 소비주의와 이기주의, 물질주의와 양극화가 더욱 심해졌다. 코로나19 이전 한국 사회의 현실을 돌아보자. 일 자체를 위해 일을 할 수 있는 환경으로 되어 가고 있었을까? 아니면 돈을 벌기 위해 일을 하는 방향으로 폭주하고 있었을까? 크건 작건 기업이 노동자의 땀방울과 성과를 소중히 여기고 우대하는 사회였을까? 아니면 기업의 이익을 위해 노동자를 사지로 내모는 사회였을까?

소설가 김훈은 『연필로 쓰기』에서 이렇게 폭로한다. "동네에서 길을 가다 사고가 난 오토바이를 발견했다. 피와 짬뽕 국물이 뒤섞였다. 흩어진 나무젓가락에 중국집 이름이 적혀 있었는데 내가 자주 가는 가게였다. 중국집에 들러서 배달원이 사고가 난 걸 아느냐고 물었다. 가게 주인은 누가 배달했는지도 몰랐다." 그는 우리나라에 매년 300명에 달하는 노동자가 고층 빌딩 신축 공사 현장에서 (제대로 갖추는 데 돈도 별로 들지 않는) 부실한 볼트와 비계 가설 때문에 추락사하는 어처구니없는 현실을 고발한다. "건설노동자들이 낙엽처럼 떨어지고 있다. 떨어지고 부서지고 으깨진다. 장례식장에서 가족들은 땅을 치며 울부짖고 노동을 관리하는 정부관리가 와서 손수건으로 눈물 찍어내는 시늉을 하고 돌아가면, 그 다음 날 노동자들은 또 떨어진다. 사흘에 두 명꼴로 매일 떨어진다. 떨어지고 또 떨어진다."[5]

이것이 팬데믹 이전, 개신교 인구가 20퍼센트라는 한국 사회에서 벌어졌던 일이다. 지금도 그리 다르지 않을 것이다. 한쪽에선 제4차 산업혁명, 스마트폰, 자동차, K-pop, 부동산으로 자축하는데, 다른 한쪽에선 하루살이 노동자들이 일터에서 목숨까지 담보하는 극도의 소외로 가혹하게 내몰리는 중이다. 폭주하는 배달 주문에 밀려 무리하다 오토바이는 넘어지고 머리는 깨지고 짬뽕 국물과 섞인 채 흘러내리는 피를 닦아야 하는 청년에게 노동에 대한 성경의 가르침은 어떤 의미, 위로, 희망이 될 수 있을까? 죽음의 신이 어른거리는 위험한 노동 현장에 내몰리는 이 땅에서 교회는 경제 정의를 위해, 노동자의 안전과 복지, 인간답게 일할 권리를 위해, 악한 관례와 타성에 저항하고 정책과 사회 문화를 바꾸는 광야에서 외치는 자의 목소리가 될 수 있을까? 팬데믹 시대 이후 새로운 형태의 생존 사각지대에 놓이게 된 베타, 감마, 델타 계층에 있는 사람들에게 그리스도교는 일을 어떻게 재조명해야 할까?

    그리스도교 신앙은 사람이 일하지 않으면 좋은 것이라는 플라톤이나 아리스토텔레스의 생각, 사람이 일을 통해 이득을 본다는 애덤 스미스의 생각, 사람이 일을 통해서만 인간이 된다는 카를 마르크스의 생각에 결단코 동의하지 않는다. 성경은 일(은 물론 인간에게 있어 중차대한 것이지만 그) 이전에 하나님께 인간 됨의 궁극적 기원을 둔다. 인간의 진정한 정체성의 열쇠는 (인간의 노동과 하나님의 일이 연결되거나[6] 일의 수행 능력이 있고 없고를 떠나) 오직 하나님과 나누는 교제에서 생성된다고 본다. 하나님과 인간의 동역자 관계가 인간을 인간 되게 한다.[7] 세이어즈도 일 자체를 위해 일을 하는 마음은 신앙을 멀리하고 사람을 우위에 두는 공산주의 사상(이나 소비를 우위에 두는 자본주의 사상)으로 가능하지 않다고 보았다. 그는 사람이 만물의 중심이 되면 진보를 앞당기는 것은 고사하고 언제나 인간이 온갖 곤경의 핵심 문제가 될 것이라 경고했다. 인간 공동체가 진정으로 잘되려면 공동체도 잊고 심지어는 자신도 잊은 채 일을 통해 영원한 진리를 표출해야 한다는 것이다. 그리스도인이든 아니든, 일 자체의 고유한 선에 전념하는 일반은총을 성령으로부터 받을 때, 사람은 일하시는 하나님을 닮아 노동의 소외를 궁극적으로 극복할 수 있다.[8]

## 주님이 일하시니 우리도

육체노동을 천시하고 정신 활동을 숭상했던 그리스-로마 전통과 달리, 그리스도교 초대 교부들은 하나같이 육체노동의 소중함을 거듭 역설했다. 일은 고결한 것이고 부지런히 자기 손으로 직접 일하는 것이 소중하다고 여겼다. 그러나 동시에 그들은 우선적으로 쉼과 예배와 노동의 균형을 요구했다. 일의 결과물인 부에 의지하는 것을 무척이나 경계했고, 자기 필요를 충족하기 위해서만 아니라 가난한 이웃과 나눌 것을 마련하기 위해 일을 한다고 가르쳤다. 중세에 잠시나마 희미해진 이와 같은 고유한 전통을 되살리기 위해, 종교개혁가 루터는 그리스도인의 게으름과 정욕을 억제하는 일의 훈육 기능에 주목하면서도 일 자체의 고유한 선에 깊은 관심을 두었고, 그리스도인이 행하는 모든 일이 소명이 될 수 있다는 데 초점을 두었다. 그는 하나님 나라로 부르시는 영적 소명(vocatio spiritualis)의 세계로 들어가는 문만을 가리키지 않고, 하나님이 지으신 세상에서 각자에게 부여된 역할과 지위와 직업으로 하나님과 동료 인간을 섬기라고 부르시는 외적 소명(vocatio externa)의 세계로 들어가는 문을 가리키며 활짝 열었다.[9]

철학자 한나 아렌트가 『인간의 조건』에서 구분했던 노동과 작업의 경계가 무너지고, 일터와 가정, 주일과 평일, 대면과 비대면의 구분이 예전 같지 않은 포스트코로나 시대에 들어선 이후로는 17세기에 수사이자 노동자로 살았던 로렌스 형제의 삶이 예사롭지 않게 다가온다. 그는 자신의 평범한 일상사를 수행하는 것을 하나님과 교제하기 위한 가장 효과적인 방법으로 보았다. "오직 하나님을 사랑하는 마음으로 그 어떤 사소한 허드렛일이라도 즐겨 하곤 했다." 일을 선물로 생각했고, 그 선물 너머에 있는 하나님을 더 아는 것을 갈망했다. 자신에게 맡겨진 일과를 하나님을 향한 순수한 사랑에서 우러나오는 순종의 마음으로 감당하는 가장 순수한 인간이 되고자 했다. 철학자로서 마르크스가 타인을 의식적으로 생각하며 일할 것을 노동자에게 주문했다면, 수사인 로렌스는 자신이 노동자로서 하나님을 의식적으로 갈망하며 일한다고 고백했다.

로렌스는 일이 처음에 무척 어렵게 느껴질 때, 업무에 수완이 없을 때, 한쪽 다리를 절었기에 일하기 힘들 때, 그 어떤 경우든 그것이 하나님의 일임을 고백하며 결국 솜씨 있게 일을 해내었고 그 모든 과정에 함께하시는 하나님을 만나는 체험을 반복적으로 했다. 그는 "하나님 앞에서 어린아이 같은 단순한 모습으로 무슨 일이든 오직 하나님을 사랑하기 때문에 하고자 하며, 그때마다 인도해 주시는 하나님께 감사드리게 되었고, 하루하루의 일상사들을 통해 하나님과 더욱 가까워져 감을 느꼈다." 로렌스에게 최악의 시련은 일을 상실하는 것이 아니라 하나님의 임재 의식을 상실하는 것이었다. 그의 정체성 형성은 일이 아닌 하나님과의 교제에 기인했다. 그에게 하나님의 임재 속에 거하는 것은 주일에 교회에 있는 동안보다 평일에 반복되는 일터에서 더욱 경험하는 영적 사건이었다.[10] 로렌스 형제의 평범한 삶은 주일과 평일, 공동체와 일터, 고단한 일과 숙련된 일에서 성령의 새 창조를 선행하며 하나님과 교제하는 그리스도인의 삶을 살아냈던 최고의 사례 가운데 하나일 것이다.

이 지상에서 우리가 경험하는 일의 세계는 일시적 중요성만 잠시 맛보는 것도 현세적 고달픔을 잠시 견디는 것도 아니다. 일에는 (도구적 가치만이 아니라) 분명 내재적 가치와 궁극적 의미가 있다. 인간의 일은 파괴적 종말에 죄다 꺾이는 성질의 것이 아니다. 변혁적 종말을 통해 새 하늘과 새 땅으로 통합되어 들어갈 것이다.[11] "또 들으니 하늘에서 음성이 나서 이르되 기록하라 지금 이후로 주 안에서 죽는 자들은 복이 있도다 하시매 성령이 이르시되 그러하다 그들이 수고를 그치고 쉬리니 이는 그들의 행한 일이 따름이라 하시더라"(계 14:13).

그리스도인이든 비그리스도인이든 그들이 이 땅에서 행한 일들에 하나님의 진선미 기준으로 볼 때 (로렌스 형제 혹은 중국집 배달 청년의 경우라도) 금이나 은이나 보석의 파편과 같은 내용이 있다면, 하나님은 그것을 장차 영화로운 세상을 건설하는 (진주와 같은) 기본 자재가 되게 하실 것이다. 그러나 하나님의 진선미와 연결되는 편린조차 없는 나무나 풀이나 짚과 같았던 일들은 (초고층 빌딩 건설이나 온라인 쇼핑몰 대박 신화처럼) 이 세상에서 아무리 화려하고 위력과 규모가 있었다 해도 정화의 불에 소멸될 것을 잊지 말아야 한다. "만일 누구든지 금이나 은이나 보석이나 나무나 풀이나 짚으로 이 터 위에 세우면 각 사람의 공적이 나타날 터인데 그 날이 공적을 밝히리니 이는 불로 나타내고 그 불이 각 사람의 공적이 어떠한 것을 시험할 것임이라 만일 누구든지 그 위에 세운 공적이 그대로 있으면 상을 받고 누구든지 그 공적이 불타면 해를 받으리니 그러나 자신은 구원을 받되 불 가운데서 받은 것 같으리라"(고전 3:12-15). 인공지능과 자동화, 초연결 사회로 접어든 지금, 인간의 일터가 점점 더 기능과 효율의 잣대 아래 재단되고 있다. 그러나 하나님은 여전히 이렇게 묻고 계시는 것만 같다. "그 일이 누구를 위한 것이었느냐? 그 안에 어떤 사랑과 진실, 아름다움이 담겨 있었느냐?" 이 전환의 시대는 나의 일터가 그분의 나라를 향해 어떤 재료로 남게 될지 다시금 성찰할 때가 아닐까.

# 나무

또 너희가 어찌 의복을 위하여 염려하느냐
들의 백합화가 어떻게 자라는가 생각하여 보라
수고도 아니하고 길쌈도 아니하느니라
그러나 내가 너희에게 말하노니 솔로몬의 모든 영광으로도 입은 것이
이 꽃 하나만 같지 못하였느니라.

(마 6:28-29)

## 겨울나무처럼 산다는 것

초등학교 졸업을 며칠 앞둔 1983년 2월의 어느 추운 날이었다. 고향 제주는 겨울에도 시내에서는 눈을 보기가 쉽지 않은데, 그날은 1교시를 마칠 즈음 하늘에서 눈이 펑펑 쏟아졌다. 6년의 굴레(?)를 다 벗어났는지, 긴장이 풀리고 느슨해진 급우들 상당수가 교문 밖으로 뛰어나갔다. 그런 일은 처음이었다. 아이들은 종일 떡볶이 사 먹고, 어묵 국물 마시고, 김이 모락모락 나는 붕어빵 들고 시내 여기저기를 쏘다니다 마지막 교시인 음악 시간 직전에야 교실로 돌아왔다.

(지금도 살아 계신다면 팔순이 넘으셨을) 당시 40대의 김양숙

선생님은 아무런 표정의 변화도 없이 풍금 앞에 앉아 이런 얘기를 꺼내셨다. "며칠 후면 초등학교를 졸업하는 너희에겐 지금 내가 하는 얘기가 믿기지 않겠지만, 앞으로 눈 한번 깜박하면 중학교를 졸업하고, 또 눈 한번 깜박하면 고등학교를 졸업하고, 또 눈 한번 깜박하면 대학교를 졸업한 자신을 보게 될 거야. 그때쯤 되면 초등학교 졸업식을 앞두고 눈이 내린다고 이렇게 신나게 땡땡이치던 오늘, 이렇게나 추웠던 겨울날을 무척 그리워할 거야." 그러자 어떤 녀석들은 '와!' 하고 웃음을 터뜨렸고, 또 어떤 친구들은 '우!' 하고 장난 섞인 야유를 보냈다. 그날따라 선생님은 아무런 생각이 없던 우리를 물끄러미 바라보시기만 하다가, 음악 교과서의 제일 마지막 페이지를 펴라고 하시고는 <겨울나무>라는 노래를 정성껏 가르쳐 주셨다.

> 나무야 나무야 겨울 나무야
> 눈 쌓인 응달에 외로이 서서
> 아무도 찾지 않는 추운 겨울을
> 바람 따라 휘파람만 불고 있느냐.
> 평생을 살아 봐도 늘 한 자리
> 넓은 세상 얘기도 바람께 듣고
> 꽃 피던 봄 여름 생각하면서
> 나무는 휘파람만 불고 있구나.[1]

그때 불과 초등학교 6학년 열두 살이었지만, 나는 절대 이 겨울나무처럼 살지 말아야지 하고 결심했던 것 같다. 그날 교문 밖으로 친구들과 함께 뛰어나갈 용기도 없었던 나 자신을 탓하면서 말이다. 어떻게 평생 한 곳에서 아무 데도 가지 못하고 아무도 찾지 않는 겨울을 버티는 나무로 살 수 있단 말인가? 아, 나무로 태어나지 않아 천만다행이다. 그렇게 겨울나무를 가련히 여기며 가슴을 쓸어내렸다.

그날 이후 중학교에 진학해 입시 경쟁이 본격화된 후로 오늘날까지 어떤 성과를 내야 인정받는 세상에서 살아온 듯하다. 세상에서만이 아니라 교회에서도, 자신이 맡은 사역에서 어느 정도 눈에 띄는 결과를 내지 못하면 교회 내 입지가 겨울나무는 고사하고 뿌리째 흔들리곤 하지 않았던가! 자본주의, 상업주의, 실용주의가 침투한 교회 현장에서 일하다 보면 어느새 복음을 전해야 하는 목회자에게조차 더는 그 복음이 기쁜 소식으로 들리지 않는 기이한 상황이 닥치곤 한다. 그럼 어떤 심정이 될까? 풍금 따라 처연하게 부르던 그 겨울나무처럼 산다는 게 쉽지 않음을 알고 푸념만 늘어놓게 된다.

## 복음의 선생, 백합

예수님 당시에도 그랬다. 아브라함 이래 수천 년, 다윗 이래 수백 년 동안, 그렇게도 오래 은혜의 약속을 담은 복음을 전해 주었건만 이스라엘 백성은 이 복음을 기쁜 소식으로 받지 못하고 있었다. 말씀이 육신이 되어 이 땅에 오신 예수님도 인간의 몸을 입고 사람으로 30년쯤 지내면서 사람에게 가장 큰 문제가 '염려'라는 것을 실감 나게 체득하신 듯하다. 그래서 철학자 키에르케고어는, 주님이 걱정 근심으로 가득한 사람들에게 당신이 사람이 되셨다는 것만으로도 더할 나위 없는 기쁜 소식이라는 진리를 알려 주기 위해 들의 백합을 복음의 선생으로 삼으셨다고 말했다.

그렇다면 들의 백합은 어째서 복음의 선생이 될 수 있었을까? 그것은 백합이 넉넉한 형편이라 해서 자신의 부유함을 다른 이의 가난과 비교하지 않기 때문이었다. 자신을 솔로몬과도 비교하지 않았고 비참한 사람들과도 비교하지 않았다. 다른 백합들과도 비교하지 않았다. 동족을 바라보며 우쭐해하거나 침울해하지 않았다. 백합은 오로지 자신이 백합인 것에 만족할 뿐이었다.[2] 그런데 사람은 어떠한가? 자기가 사람인 것에 만족하지 못하는 존재다. 그래서 가장 큰 기쁨을 놓쳐 버린다. 자기가 사람이라는 기쁨, 그것도 하나님을 비추는 거울이자 형상이라는 기쁜 소식을 놓쳐 버렸다! C. S. 루이스의 비유처럼, 자신들이 넓은 바닷가 금빛 모래사장에서 휴일을 보내는 어린아이였다는 기억을 죄다 상실한 채, 빈민가 하수구에서 더러운 시궁창 진흙파이나 만들며 지내고 싶어 하는 것과 다르지 않은 존재가 되었다. 루이스는 우리의 문제가 어쩌면 갈망이 너무 강한 것이 아니라 오히려 너무 약한 것이라고 탄식한다.[3] 야망의 불꽃놀이를 위해 무한한 기쁨이 담긴 은하수를 외면해 버리는 어리석음이란….

키에르케고어는 들의 백합이 말할 수 있었다면 염려하는 인간에게 이렇게 말하지 않았을까 추측한다. "인간인 당신은 도대체 무엇 때문에 백합에 대한 놀라움으로 가득한지요? 사람으로 존재한다는 것 역시 그렇게 아름다운 것, 영광스러운 것 아닌가요? 사람인 것이 얼마나 아름답고 얼마나 영광스러운지 알았다면 솔로몬의 모든 영화도 결국 아무것도 아닌 것이 맞을 텐데요! 제 생각에는 솔로몬이 정말로 모든 이들 중 가장 아름다운 사람이 되길 바랐다면, 그것이 무엇을 의미하는지 알았더라면, 그는 왕으로서 누렸던 모든 영화를 벗어 버리고 진짜 사람이 되었을 것입니다! 저처럼 가엾은 들판의 백합에게 해당되는 것이 창조의 걸작인 사람에게도 역시 해당되지 않겠습니까!"[4]

백합은 염려에 지친 인간에게 주님의 복음을 알려 준다.

사람은 그가 사람인 것만으로도 솔로몬의 모든 영광보다 영광스러운 것이라고. 뉴욕의 맨해튼에서 목양하던 시절, 교회에 기계공학을 전공하던 학생이 있었다. 하루는 밤에 찾아와 이렇게 말했다. "저는 목사님이 너무 부러워요. 목사님은 꿈을 이루셨잖아요!" 그는 어리둥절하게 쳐다보던 나에게 재차 이유를 설명한다. "목사님은 목사님이 되셨잖아요. 그러니까 꿈을 다 이루신 것이지요." 당시 향후 진로를 놓고 심각한 고민에 빠져 있던 나는 그때 망치에 머리를 맞은 것 같았다. 그렇다. 이미 목사가 되었는데 무슨 진로 고민이란 말인가!

### 있는 그대로 복되도다

사사기 9장에는 자신의 형제 70명을 잃은 막내 요담이 잔인한 이복형 아비멜렉을 풍자하는 구약 최초의 우화가 등장한다. 평화롭게 왕 없이 잘 살던 나무 마을에 무슨 바람이 불었는지 나무들 가운데 하나를 옹립하여 왕으로 모셔야 한다는 여론이 높아졌다. 그래서 나무들은 감람나무와 무화과나무와 포도나무를 차례로 찾아간다. 똑같은 제안을 한다. 자기들의 왕이 되어 달라고. 감람나무는 감람유를 내는 나무였다. 감람유는 당시 제사장과 예언자와 왕으로 세우는 예식에서 붓는 기름이었다. 그러니 감람나무는 왕의 자질과 덕목이 이미 감람유처럼 꽉 차 있던, 그야말로 재목이었다. 그래서 나무들이 1순위로 찾아갔다. 아마도 감람나무가 왕이 되었다면 태평성대를 구가하거나 최전성기를 구가했을 것이다. 그러나 감람나무는 스스로 왕이 되는 길을 선택하지 않았다. 대신에 왕과 예언자와 제사장을 세우는 기름을 제공하는 본래의 소명을 선택했다. 자신의 정체성과 소명을 분열시키지 않았다. 그는 왕이 되려 하지 않고 왕을 왕 되게 하는 기름이 되려고 했다.

무화과나무와 포도나무도 차례로 감람나무의 길을 걸었다. 그들은 모두 자신에게 주어진 소명을 따랐다. 자신에게 주어진 분복을 분별하고 그걸 가장 즐거워했다. 어쭙잖게 세상에서 한자리하며 남들보다 자기가 낫다고 여기는 삶, 누군가에게 군림하고 갑질을 만끽하면서 사람들 마음을 요동하게 하는 삶에는 눈길조차 주지 않았다. 감람나무는 말한다. "나의 기름은 하나님과 사람을 영화롭게 하나니 내가 어찌 그것을 버리고 가서 나무들 위에 우쭐대리요." 무화과나무도 뒤지지 않는다. "나의 단 것과 나의 아름다운 열매를 내가 어찌 버리고 가서 나무들 위에 우쭐대리요." 포도나무도 그에 못지않다. "하나님과 사람을 기쁘게 하는 내 포도주를 내가 어찌 버리고 가서 나무들 위에 우쭐대리요." 세 나무는 자기가 나무 된 것 자체가 가장 기쁜 일인데 왜 이 일을 포기하겠냐며 거절한 것이다. 감람나무는 감람나무 된 것 자체가 복음인데 왜 다른 채널을 찾겠는가? 무화과나무는 무화과나무 된 것 자체가 복음인데 왜 다른 주파수를 찾겠는가? 포도나무는 포도나무 된 것 자체가 복음인데 왜 다른 링크를 찾겠는가? 그렇게 그들은 똑 부러졌다.

헤르만 헤세는 말한다. "나무는 언제나 내 마음을 파고드는 최고의 설교자다. 이들의 우듬지(나무의 꼭대기 줄기)에서는 세계가 속삭이고 뿌리는 무한성에 들어가 있다. 다만 그들은 거기 빠져들어 자신을 잃지 않고 있는 힘을 다해 오로지 한 가지만을 추구한다. 자기 안에 깃든 본연의 법칙을 실현하는 일, 즉 자신의 형태를 만들어 내는 것, 자신을 표현하는 일에만 힘쓴다. 강하고 아름다운 나무보다 더 거룩하고 모범이 되는 것은 없다. 나무의 말에 귀를 기울이는 법을 배운 사람은 자기 자신 말고 다른 무엇이 되기를 갈망하지 않는다. 그것이 행복이다."[5]

그런 나무처럼 살았던 한 사람이 있다. 다변수 복소 해석학에 근본적인 업적들을 남긴 일본의 수학자 오카 기요시(岡潔)다. 어느 날 기자가 그에게 물었다. "선생님이 발견하신 것이 수학이란 세계에 어떤 영향을 미쳤다고 생각하십니까?" 오카는 망설이지 않고 대답한다. "제비꽃은 제비꽃입니다." 의아해하는 기자에게 옆에 있던 아내가 덧붙였다. "제비꽃은 자신이 피어 있다는 것에 관심이 없어요. 세상에 어떤 영향을 미치는

지도 생각하지 않아요. 남편은 그처럼 자신의 연구를 해 왔다는 뜻이에요. 그저 매일 쌓이고 쌓인 날들이 있었고, 이따금 햇빛이 남편에게 내리쬐어 여기까지 올 수 있었을 뿐이지요."⁶ 수학 이론 연구가 너무 앞서 나간 탓에 교토대 교수 자리에서 밀려났던 오카는 농사를 지으며 다변수 복소 해석학이라는 낯선 들판에 묵묵히 씨를 뿌리고 물을 주었다. 세상 끝자락에 뿌리 내린 겨울나무처럼, 주어진 자리에서 조용히 자신의 일을 이어 간 끝에, 뒤늦게 세계적 수학자로 인정받았다. 1960년, 일본 문화훈장을 받으며 남긴 그의 이 고백은 마치 요담의 우화 속 감람나무를 닮았다. 우쭐대지 않고, 경쟁하지 않으며, 그저 자신에게 주어진 삶을 따라 오롯이 살아가는 나무 말이다.

그런데 가시나무는 왕이 되면 어떻겠느냐는 제안을 덥석 받는다. 즉위하자마자 소리를 높인다. "나는 왕이로소이다!" 가진 것이라곤 가시밖에 없으니, 내는 것이 찌르는 것밖에 없으니, 자기 안에 어떤 복음도 소명도 없으니, 그저 왕이 되라는 제안이 인생 최대의 기쁜 소식이었다. 그런데 왜 요담 우화의 나무들은 가시나무를 찾아갔을까? 둘 중 하나일 것이다. 아무리 가시나무라도 왕의 자리에 앉으면 자신들에게 이득을 줄 것으로 생각했거나, 겉으로는 감람나무나 포도나무나 무화과나무처럼 어떤 열매를 맺는 것처럼 꾸몄기에 실상은 가시나무인데 가시나무인 줄 모르고 찾아갔을 것이다.

## 소명, 떠나지 않는 것

종교개혁가 칼뱅은 인간의 소명을 군대 초소(라틴어로 statio, '스타티오')에 비유했다.[7] 나에게 주어진 소명을 온전히 완수하도록 정해진 기간에는 결코 그 자리를 떠나지 않는 것, 그것이 소명이다. 또한 '스타티오'에는 '역참'(驛站)이라는 뜻도 있었다. 말을 갈아타는 정거장이다. 그러니 소명은 어느 한 역에서 다음 역까지 선로를 이탈하지 않고 충실히 달리는 것과 같다. 이는 소명에 정해진 기간이 지나면 더 하고 싶어도 할 수 없는 속성이 있다는 의미이기도 했다.

일본 북해도의 어느 시골과 도시를 이어 주는 지선(支線)의 종착역을 배경으로 한 영화 <철도원>에는 반세기를 지켜 온 역장 오토마츠의 이야기가 담겨 있다. 증기기관차의 기관사로 밑바닥부터 시작해 일생 역사(驛舍)를 지켜 온 그는 폐선(廢線)을 며칠 앞둔 어느 날 아침 제복 차림으로 깃발을 든 채 눈 덮인 플랫폼에 숨진 채로 쓰러져 있었고, 여느 때처럼 첫차가 오기 전 눈 덮인 선로를 쓸며 도착한 제설차가 그를 발견했다. 초등학생 시절 마지막 동요 <겨울나무>와 신학교 시절 마주한 <철도원>이 겹쳐지면서 소명이란 무엇일까 되새겨 보게 된다.

자신에게 일생 허락되는 모든 경주를(교통사고로 하반신이 마비된 후에 상체의 힘을 길러 탔던 눈썰매 경주까지) 완주하는 것이

에티오피아의 마라토너 아베베 비킬라(Abebe Bikila)에게 주어진 감람유였다면, 식구들이 쓰다만 몽당연필까지 써 가면서 자신에게 허락된 고유한 오브제(엄마, 누나, 동생, 동네, 나무, 집, 꼬마들)를 단순하고 소박하게 그려 나가는 게 (한쪽 시력을 잃고 원근이 사라진 세계에서 살았던) 가난한 화가 박수근에게 주어진 무화과였다면,[8] 철도원에게는 자기만의 역사(驛舍)를 지키는 게 그에게 주어진 포도주였을 것이다. 그들로 인해 헤아릴 수 없는 이들이 자기도 모르는 (상상을 뛰어넘는) 희열을 누린 나머지 그들을 '깊이 생각하며'(dokeo) 가슴 벅차게 그들을 향해 보내는 갈채를 성경은 존재 됨의 '영광'(doxa)이라고 말한다. 한순간도 으스대지 않았고, 우쭐대지 않았으며, 무엇보다 이래라 저래라 하지도 않았기에, 오히려 그들은 오래도록 기억되고 또 그리워질 것이다.

우리에게도 자신만의 감람유가 있다. 하나님이 허락하신 기름이 따로 있다는데, 나에게만 주신 열매가 따로 있고 너에게만 주신 포도주가 따로 있다는데, 나만의 무화과는 무엇일까? 나만의 포도주는 또 무엇일까? 누군가와 경쟁하며 앞서라고 주신 것도 아니고 사람들 위에 군림하며 우쭐대라고 주신 것도 아닌, 하나님을 기쁘시게 하고 이웃을 유익하게 하라고, 무엇보다 나 자신이 진정 행복해지라고 맡기신 나무가 우리에겐 있다. 그것이 소명일 것이다.

우리 모두를 한 떨기 아름다운 꽃처럼
이 세상에 피워내신 하나님.
천국의 정원에서 세우신
당신의 영원한 신비의 섭리를 따라
우리를 각자 인생의 사계절에
예정해 놓으셨으니…

어떤 이에게는 장미 다섯 송이를,
어떤 이에게는 봉선화 두 송이를,
그리고 나와 같은 아이를 부르셔서는
매화 한 송이를 허락하셨던 주님.

허나 저는 찬연한 장미꽃이
숱하게도 피던 계절의 여왕 5월
제 젊은 가슴엔 꽃송이 하나 없어
고개를 떨군 적도 있었습니다.
여름 한철 여인들의 사랑받던
울밑에 선 봉선화가 차라리 부러워
슬픈 노래를 부르기도 했습니다.

그러나 우리의 먼 훗날

북풍한설 찬바람과 함께 모두 떠나간

빈 들판에 고요히 한 떨기 매화로

대지를 뚫고 나오던 날

저는 알았습니다.

제게 주신 한 달란트가

세상 그 무엇과도 바꿀 수 없는

소중한 것이었음을…

그리고 울었습니다.

기다리며 원망했던 세월이

부끄러워

울었습니다.

주님. 단 한 번만이라도

봄을 다시 제게 허락하신다면

생의 찬가를 즐거이 부르며

감사의 기도로 채우겠습니다. (송용원, 2012)

# 흔적

내가 그리스도와 함께 십자가에 못 박혔나니
그런즉 이제는 내가 사는 것이 아니요 오직 내 안에 그리스도께서 사시는 것이라.
이제 내가 육체 가운데 사는 것은 나를 사랑하사 나를 위하여 자기 자신을 버리신
하나님의 아들을 믿는 믿음 안에서 사는 것이라.

(갈 2:20)

## 당신이 울면 나도

기독교의 구원을 어떻게 한마디로 정의할 수 있을까? 종교개혁가 칼뱅은 구원을 '그리스도와의 연합'(union with Christ)이라고 정의한다.[1] 주님과 완전히 하나가 되는 것이 구원이라는 말이다. 하나님께 구원받은 신자는 그리스도와 하나가 된다. 예수님이 나의 머리가 되시고 나는 그분 몸의 한 지체를 이루는, 예수님과의 영적 관계가 형성되는 신비로운 연합이 구원이다. 하나님의 아들과 하나가 됨으로써 우리는 하나님과도 하나가 된다.

주님과 하나가 되는 구원을 베풀어 주시는 하나님은 신자들에게 이중적 은혜를 선물로 주신다. 첫 번째는 우리를 의롭

다 하시는 은혜, 즉 칭의의 선물이고, 두 번째는 우리를 거룩하게 만들어 가시는 은혜, 즉 성화의 선물이다. 칭의와 성화는 예수 그리스도와 하나로 연합된 자에게 값없이 주시는 놀라운 은혜의 선물이다. 그러므로 이제 성령의 역사로 그리스도께서 우리 마음속에 영원히 내주하신다. 칼뱅은 말한다. "그리스도는 우리의 소유자가 되심으로써 그분이 받은 모든 선물을 우리도 나눠 가지게 하신다."[2]

그렇다면 자신이 정말 구원을 받았는지 확인하는 길은 그다지 어렵지 않을 것이다. 자신이 주님과 "공감"하는 존재인지를 정직하게 물어보면 된다. 나는 주님이 슬퍼하시는 일에 함께 슬퍼하는가? 주님이 기뻐하시는 일에 함께 기뻐하는가? 주님이 가시려는 곳에 나도 따르고 싶어 하는가? 주님이 침묵하시는 자리에서 나도 침묵을 선택하는가? 주님이 용서하신 사람을 나도 용서하려 하는가? 주님이 외면하지 않고 고쳐 주셨던 것처럼, 나도 누군가의 치유를 간절히 원하는가? 주님이 이 시대에 대해 느끼시는 안타까움을 나도 느끼는가? 주님의 희로애락을 공감한다면, 그 사람은 주님과 한 몸임에 틀림없다. 그렇다면 그 사람은 진정 구원받은 사람일 것이다.

『공감의 시대』라는 책을 쓴 제러미 리프킨(Jeremy Rifkin)은 공감이란 타인의 마음을 자기가 느끼는 것이라고 했다. '공감'(empathy)보다 앞서 나온 단어는 계몽주의 시기에 유행한

'동정'(sympathy)이다. 애덤 스미스(Adam Smith)가 1759년에 쓴 『도덕감정론』에서 '동정'은 다른 이의 곤경을 보고 측은함을 느끼는 감정을 의미한다. '공감'은 '동정'과 정서적 공통점을 지니고 있지만 둘의 내용은 전혀 다르다. 공감은 다른 사람이 겪는 고통의 정서적 상태로 들어가 그 고통을 자신의 고통인 것처럼 느끼는 것을 뜻한다. 동정이 수동적인 입장을 의미하는 것과 달리, 공감은 적극적인 참여를 의미한다. 기꺼이 다른 이의 경험의 일부가 되어 그들의 경험에 대한 느낌을 공유하는 것이다.[3]

그렇다면 누가 구원받은 그리스도인일까? 누가 진정 예수님과 하나 된 신자일까? 예수님의 마음을 자신의 마음으로 함께 느끼는 사람, 예수님의 아픔을 자신의 아픔으로 함께 느끼는 사람, 즉 예수님과 공감하는 사람일 것이다. 이를 "그리스도인의 영성"이라고도 말할 수 있겠다. 그리스도인은 왜 사순절과 고난주간을 중요한 기억의 시간으로 지킬까? 그것은 사순절, 특히 고난주간은 주님과 공감하기 위해 믿는 자들에게 따로 구별된 절기이기 때문이다.

민족 서정시인 김소월의 시 <가는 길>에 나오는 "그립다 말을 할까 하니 그리워"는 너무나 유명한 구절이다.[4] 여기서 '그립다 말을 할까?'는 아직 제대로 그리운 것이 아니다. 그리움이 제대로 시작되기 위해선 '그립다'고 말을 해야 한다. 그런데 놀랍게도 그립다고 말을 하고 나면 정말 그리워진다. 이것이 고백의 힘이고 절기를 지키는 이유일 것이다. 누군가의 아픔을 깊이 공감한다는 것은 그가 나와 아주 깊은 관계, 떼려야 뗄 수 없는 영원한 관계일수록 더욱 그러하다. 그래서 낯선 이의 아픔보다는 가족의 아픔이 더 절실하게 다가오는 것이다. 부모와 자녀 간에는 그러한 깊은 상호적 공감의 능력이 있다.

### 당신이 아프시니 나도

나에게는 최전방 DMZ GOP에서 군 복무를 마치고 복학한 대학생 외아들이 있다. 아들이 갓난아이였던 신학생 시절, 나는 침대 위에 아이를 눕혀 놓고 혹시 몰라 모든 방바닥에 담요를 깔아 놓고 지낸 적이 있다. 하루는 담요를 털기 위해 잠시 방을 나간 사이 쿵! 하는 소리와 함께 아기의 자지러지는 울음소릴 들었다. 저녁 늦게 들어온 아내에게 털어놓았다. 그날 이후 침대에 조용히 혼자 누워 있다가 나도 모르게 아기가 딱딱한 방바닥에 떨어졌던 일이 떠올랐다. 나는 죄책감에 얼마나 아팠을까 생각하다가 그 아픔을 느껴 보고 싶어 눈을 질끈 감고 침대에서 굴러 떨어졌다. 머리가 몹시 아팠다. 몇 번이고 그렇게 했다. 아이의 아픔을 느껴 보려고. 아이의 아픔은 부모의 가슴 속에 이처럼 사무치나 보다. 서로 피가 진하게 흐르는 까닭일까,

하나님도 독생자가 십자가에 찢기어 처참하게 돌아가실 때 얼마나 맘이 아프셨을지 상상해 본다. 한낮의 태양도 빛을 잃고 온 땅에 어둠이 임했던 그날의 하나님 마음을.

    해마다 3월 21일이면 천안함 피격 사건을 기억하게 된다. 그 사건이 있고 3년쯤 되었을 무렵, 순직한 박보람 중사의 어머니 박명이 여사는 신문사에서 취재차 손님이 온다는 말에 그해 겨울 들어 처음으로 보일러를 틀었다고 한다. 유난히 추웠던 그해 겨울이었지만 엄마는 집을 한 번도 따뜻하게 데워 본 적이 없었다고 한다. 서해의 차가운 물속에 침몰한 배의 연통에 갇혀 있다 28일 만에 퉁퉁 얼어 버린 채 발견된 아들 생각이 나서 보일러 틀 생각은 하지도 못했다는 것이다. 그 긴긴 겨울, 얼음장같이 차가운 아들의 방에서 깊은 바다에 수장된 아들을 생각하며 그 아픔을 깊이 체휼한 엄마의 심정은 우리네 상상을 넘어선다. 사랑에는 공감하고 싶은 원초적 본능이 담겨 있다. 엄마는 서럽게 고백한다. "얼마나 더 서러운 눈물 떨구어야 너의 예쁜 얼굴 한번 만져볼 수 있는 날이 올는지. 엄마는 오늘도 잠이 오지 않는구나. 보고 싶다. 보고 싶다. 보고 싶다. 보고 싶다. 우리 아가." 가족이 아니었다면 따뜻한 방에서 잘 수 있었을 것이다. 그러나 가족이었기에 추운 방에서 잘 수밖에 없었다.

    우리는 왜 주님의 십자가를 묵상하고 싶어 할까. 주님이 겟세마네에서 밤새도록 기도하실 때 너무 외로우셨던 것을 알고 있어서다. 십자가 형틀에 달리실 때 그분이 그토록 사랑했던 제자들조차 곁에 없었다는 것을 기억하기 때문이다. 그 주님을 내가 진정 사랑한다면, 그 주님과 내가 서로 피가 통하는 사이라면, 어찌 십자가를 보고 아무런 감정이 없을 수 있을까? 세상의 온갖 즐거움을 그대로 간직하며 벗들과 어울리는 것은 좋아하면서 주님의 고통과 아픔에 아무런 공감이 없다면, 어찌 내가 그분의 형제요 자매라고 할 수 있을까. 가족이라 부를 수 있을까. 주님은 제자들과 오늘 여기 앉은 우리 모두를 가리키며 이미 말씀하셨다. "누가 내 어머니이며 내 동생들이냐…나의 어머니와 나의 동생들을 보라. 누구든지 하늘에 계신 내 아버지의 뜻대로 하는 자가 내 형제요 자매요 어머니이니라"(마 12:48-50).

그러니 비아 돌로로사! 나의 죄, 허물, 상처, 짐을 십자가에다 짊어지고 골고다의 길을 따라 영문 밖으로 가신 내 주님이 우리 모두를 친 형제요 자매로 불러주셨다는 사실을 믿음으로 깨닫게 된 자는 누구나 그분의 아픔에 함께 아파하고, 그분의 눈물에 함께 눈물 흘릴 것이다. 그랬을 때 나의 기도는 바뀌게 마련이다. 이 땅에서 내 삶이 그저 형통하기만 하고 풍요롭기만 한 인생이 되기보다 주님의 고난을 공감하고 싶으니, 당신의 슬픔과 아픔과 외로움에 미력이나마 동참하게 해달라는 간구가 나도 모르게 터져 나올 수밖에 없는 것이다. 그때에야 그리스도와 한 몸 되어 구원받은 그리스도인이라 일컬음을 받을 자격이 있을 것이다.

> 임은 전 생애가 마냥 슬펐기에
>
> 임 쓰신 가시관을 나도 쓰고 살으리라.
>
> 임은 전 생애가 마냥 슬펐기에
>
> 임 쓰신 가시관을 나도 쓰고 살으리라.
>
> 이 뒷날 임이 보시고 날 닮았다 하소서.
>
> 이 뒷날 나를 보시고 임 닮았다 하소서.
>
> 이 세상 다할 때까지 당신만 따르리라.[5]

## 성흔을 지닌다는 것

이처럼 성 프란체스코도 주님의 성흔(聖痕)을 자신의 몸에 그토록 받고 싶어 했다. 주님의 고난을 공감하고 체휼하는 것이 그의 삶 전체의 의미요 목적이었다. 모든 것에 부요하셨으나 우리를 위해 가난해지신 주님처럼 되고 싶어, 부유한 상인의 아들로 태어났지만 가난한 복음전도자의 삶을 선택한다. 그는 "나보다 가난한 사람이 있다면 그것은 부끄러운 일이다"라고 했다. 평생을 가난과 기도와 섬김으로 살다가 1224년 일생 말년엔 아시시 북쪽 라베르나산에 오른다. 자신이 순교하지 못한 것이

언제나 통절한 자책이 되었던 프란체스코는 라베르나산의 한 숲에서 기도한다.[6]

> 오, 감미로우신 나의 주여, 당신은 어떠한 분이시오며, 당신의 무익하고 가련한 종인 저는 도대체 어떤 자일까요. 주여, 제가 세상을 떠나기 전에 두 가지 은혜를 베푸소서. 하나는 당신이 겪은 괴롭고 애처로운 고난을 저의 영혼 안과 저의 몸 안에서 경험하게 하소서. 그리고 또 당신께서 우릴 위해 자신을 희생 제물로 삼아 죽으신, 그 불타는 충만한 사랑을 저도 당신을 위해 품을 수 있게 하소서![7]

보나벤투라의 기록에 따르면, 40일 기도를 마치던 프란체스코의 몸에는 주님의 십자가의 오상, 즉 다섯 개의 성흔이 새겨졌다. 그때 말로 형용할 수 없는 기쁨과 사랑이 그의 마음을 적셨지만, 동시에 그의 육체에 신비스런 성흔이 새겨지면서 두 손과 발, 옆구리에는 영혼의 밑바닥까지 휘젓는 듯한 격심한 고통을 느꼈다고 한다. 다메섹의 바울처럼 주님의 현현을 체험한 프란체스코가 시력을 잃어 가기 시작한 것은 그 계시를 본 후부터였다. 프란체스코의 시력은 점점 쇠약해지다가 거의 볼 수 없게 되고 만다. 그리고 그는 이태 후에 세상을 떠나 주님 품으로 갔다.[8]

우리도 천국에 이르려면 나에게 주어진 갈보리산을 넘어가야 하지 않을까. 주님의 아픔과 기쁨을 모두 공감하면서 두려움과 떨림과 인내로 그 산을 넘어야 한다. 참 그리스도인은 자신의 몸에 예수의 흔적('스티그마')을 지니고 있게 마련이다. 그것이야말로 주님을 따르고자 했다는 증거 아닐까. 그래서 아빌라의 테레사는 이렇게 기도한다. "주여. 당신께서 내가 고통당하는 것을 바라신다면, 나 또한 그것을 바라리다. 당신이 내가 많은 고통을 당하는 것을 바라신다면, 나 또한 많은 고통당하는 것을 바라리다."[9]

14세기 영국의 항구 도시 노리치에서 한평생 은수자의 삶을 살았던 평신도 여성 노리치의 줄리안(Julian of Norwich)은 그 누구보다 주님의 고통에 동참하고 그분의 아픔을 공감하고 싶은 깊은 열망을 갖고 기도하던 여인이다. 그녀가 살았던 때는 흑사병이 만연하고 영국과 프랑스 사이에 백년전쟁이 한창이었다. 교회가 극심한 분열과 부패의 모습을 보이기 시작하던 때이기도 하다. 그러한 암흑기에 줄리안은 30세의 젊은 나이에 열여섯 번의 환시 체험을 했다. 이후 죽을 때까지 그 환시를 묵상하며 줄리안 성당 옆 작은 집에서 지냈다. 줄리안이 쓴 『계시』(Showings)에 보면, 그녀는 기도 중에 예수 그리스도의 십자가에서 흘러내리는 보혈을 생생하게 보았다. 환시 중에 그리스도의 얼굴과 입술, 온몸이 점차 말라 가고 피로 물들어 가는 모습을 보았던 것이다. 줄리안은 환시로 본 그리스도의 수난을 어머니의 해산 고통에 비유했다. 그녀에게 그리스도의 십자가는 살과 피를 지닌 어머니의 해산 고통과 다르지 않았다.[10]

## 정(情)과 한(恨) 사이에서

무슨 말일까? 예수 그리스도께서 우리의 어머니가 되시기 위해 반드시 겪어야 하는 "낳는 고통"을 당하셨다는 것이다. 나의 죄로 인해 주께서 겪으셔야 했던 해산의 고통은 더욱 컸을 것이다. 이를 'The Passion of Jesus Christ', 즉 그리스도의 고통이라 한다. 한국식으로 표현하면 예수님의 '한'(恨)이라고도 말할 수 있다. 주님의 고통은 우리를 향한 사랑 때문에 생긴 것이었다. 더 정확히 말하면, 죄로 인해 고난과 죽음 가운데 놓여 있던 당신의 자녀들을 향한 그분의 'compassion', 즉 '정'(情)이 너무 깊으셨기에, 마침내 성육신하여 우리의 모든 연약함을 몸소 다 공감하고 끌어안으려고 겪어 내신 고통이다. 그렇게 날 위해 겪으신 이 예수님의 고통을 이번에는 내 쪽에서 가슴 깊이 공감하는 것을 'The compassion to Jesus Christ'라고 한다. 무슨 뜻일까? 예수님의 '한', 즉 그분의 아픔에 나도 모르게 자꾸만 정이 가는 것이다. 이전과 달리 예수께 자꾸 마음이 쓰이고 정이 간다는 것은 그분이 나를 영적으로 해산하셨다는 '표적'(sign)이다. 그분으로 인해 내가 이미 구원을 받았다는 증거다.

그래서 바울도 주님이 겪으신 해산의 고통을 자기 마음으로 깊이 공감했기에 그 고통에 자신도 모르게 뛰어들었던 게 아닌가 싶다. 바울은 모든 피조물을 향해서도 깊은 'compassion'(정)을 똑같이 소유하게 된다. 그 자신이 그리스도의 '한'(아픔)에 깊은 정이 흐르는 그리스도인이 되었기 때문이다. 순교자 바울은 마침내 "나는 날마다 죽노라"라고까지 말한다. 그렇기에 초대교회에서도 투옥되거나 고문당하거나 유배되었던 인물들은 신실함의 흔적을 몸에 지니고 있다고 인정했다.

물론 고난 자체가 기독교의 종착역은 아니다. 바울의 고백처럼 "그리스도의 고난이 우리에게 넘친 것같이 우리가 받는 위로도 그리스도로 말미암아 넘칠"(고후 1:5) 것이기 때문이다. 로마서는 약속한다. "성령이 친히 우리의 영과 더불어 우리가 하나님의 자녀인 것을 증언하시나니 자녀이면 또한 상속자 곧 하나님의 상속자요 그리스도와 함께한 상속자니 우리가 그와 함께 영광을 받기 위하여 고난도 함께 받아야 할 것이니라. 생각하건대 현재의 고난은 장차 우리에게 나타날 영광과 비교할 수 없도다"(롬 8:16-18)

진실이 이러할진대, 하나님의 구원을 받아 그리스도와 연합되어 그분의 모든 삶의 이야기를 각자의 인생을 통해 공감하는 그리스도인에게, 하나님은 그리스도의 부활을 공감할 수 있는 계기를 반드시 선물로 주시지 않겠는가! 전염병과 전쟁, 교회의 부패라는 역사의 암흑기를 살았던 노리치의 줄리안 역시 그녀의 기도 마지막에 주님께 받은 응답, 마침내 "결국은 모든 것이 잘될 것이다"(All shall be well)라는 절대적인 소망의 메시지였다.[11] "우리가 그의 죽으심과 같은 죽음을 죽어서 그와 연합하는 사람이 되었으면, 우리는 부활에 있어서도 또한 그와 연합하는 사람이 될 것입니다.…우리가 그리스도와 함께 죽었으면, 그와 함께 우리도 또한 살아날 것임을 믿습니다"(롬 6:5, 8, 새번역).

## 만족

> 온유한 자는 복이 있나니
> 그들이 땅을 기업으로 받을 것임이요.
>
> (마 5:5)

오늘날 '온유'는 일종의 오해받는 단어이자 소외된 말이다. 우리에게 온유는 주로 연약함, 무기력함, 우유부단함, 줏대 없음, 비굴하고 불의에 굴복하는 것으로 들린다. 하지만 온유의 본래 의미와 현대적 뉘앙스는 아무런 관련이 없다. 구약에서 온유는 "단순히 약함이 아니라 자제된 힘"을 가리킨다.[1] 언어란 본래 시간의 산물이니, 주님이 산상수훈에서 쓰신 단어 온유가 어떤 시대적 배경을 갖는지 먼저 살펴야 한다.

## 아리스토텔레스의 온유

주님 당시 로마제국이 정신적 지주로 여기던 아리스토텔레스는 『니코마코스 윤리학』에서 '온유'(πραότης, 온화)를 다음과 같은 뉘앙스를 담아 설명했다. 그것은 "노여움과 관련한 중용이다."[2] 그는 지나친 덕과 결핍된 덕 중간 정도에 있다는 일종의 중용을 강조했다. 용기가 어디에 있더냐? 비겁함과 무모함 사이에 있더라는 것이다. 관대함은 무엇이더냐? 지나친 낭비와 지나친 인색 사이에 자리한 태도라는 것이다. 그러니 온유함도 지나친 분노와 전혀 분노하지 못하는 무능력함 사이에 위치한다고 보았다.[3] 이렇듯 아리스토텔레스식으로 하면 온유란 "마땅히 화를 낼 만한 일에 대해 마땅히 화를 낼 만한 사람에게 화를 내는 사람, 더 나아가 마땅한 방식으로, 마땅한 때, 마땅한 시간 동안 화를 내는 사람"을 뜻한다.[4] 이를 신약학자 윌리엄 바클레이는 "분노할 만한 때 분노하고 분노하면 안 될 때 분노하지 않는 자는 복이 있나니"라고 패러디한다.[5]

주님이 '프라우스'(온유)를 말씀하실 때, 듣는 무리 중 아리스토텔레스의 윤리학을 이해하던 지식인들은 아마도 중용의 덕 정도로 이해했을 것이다. 그렇다면 주님이 가르치신 온유 또한 "자기의 본능과 충동과 격정을 온전히 억제하며 다스린 사람은 복이 있나니, 이는 그가 남도 다스릴 수 있고 땅도 다스릴 수 있도다" 정도로 해석될 여지가 없지 않다. 그것이 바로 세상 만물과 인간 양심을 지으신 하나님이 모든 사람을 주관하시는 일반은총의 법칙 중 하나이기 때문이다.

하지만 주님은 세상 나라에서 눈에 보이는 땅을 얻기 위한 철학 강좌를 하신 것이 아니다. 주님이 오르신 곳은 로마의 팔라티노 언덕이 아니었다. 아테네의 아크로폴리스 언덕도 아니었다. 주님은 예루살렘에서 가까운 한 언덕에 올라 하나님 나라의 영토를 얻게 되는 복음을 전하셨다. 본래 성경에서 "산이라는 배경은, 시내산의 모세와 그가 그곳에서 받아 이스라엘에게 전해 준 권위 있는 가르침을 암시한다."[6] 스스로 자기를 통제하는 철인이 받는 제국의 복이 아니라 하나님의 다스림을 받는 자가 받는 천국의 복을 가리킨 것이다. 주님이 보시기에 온유한 성품은 인간이 본래 갖고 태어난 성품이 아니었다. 성령의 역사로 거듭난 사람만 선물로 받을 수 있는 독특한 성품이었다. 또한 온유함은 실제 가난한 자의 성품이기도 했다. '가난한 자'라는 히브리어 '아나빔'의 헬라어 번역이다.

신학자 앤서니 살다리니(Anthony J. Saldarini)에 따르면, "성경과 제2성전기 문헌에서 가난[하고 온유한 자—저자]은 재산이 없는 이들뿐 아니라, 사회에서 힘이 없는 이들, 압제받는 이들, 궁핍한 이들을 지칭했다. 가난한 사람, 과부, 고아(사 10:2)와 마찬가지로 '가난'하고 '온유'하고 무력한 사람들은 하나님의 특별한 보살핌 아래 있었다. 하나님은 이들이 힘 있는 자들을 이기게 하실 것이라고 믿었다."[7]

## 온유에 이르는 계단

찰스 스펄전의 비유처럼, 팔복은 여덟 계단으로 이루어진 사다리와 같다.[8] 첫째 계단인 가난한 마음의 계단과 둘째 계단인 애통함의 계단을 딛고 나서야 올라설 수 있는 셋째 계단이 온유함의 계단이다. 따라서 하나님이 어떤 사람에게는 선한 양심과 온유한 마음을 더 주실 수 있고 어떤 사람에게는 덜 주실 수도 있지만, 팔복의 온유는 그런 양심의 차원, 즉 일반은총의 차원이 아니다. 예수님이 알려 주시는 온유는 세상에서 극심한 시련을 겪는 가련한 심령에 베푸시는 성화의 차원이다. 즉 특별은총의 차원에서 천국의 자녀들에게만 주시는 매우 특별한 하나님의 선물이다. 기독교 윤리학자 스탠리 하우어워스의 "올바른 분노를 구하는 기도"는 언뜻 아리스토텔레스와 비슷한 것 같아도 그렇지 않다. "오히려 당신은 우리에게 당신의 교회가 당신께 신실하기를 그리하여 바르게 분노할 줄 알기를 바라십니다."[9] 그냥 바른 분노가 아니라 심판관이신 하나님의 분노가 유일한 기준이다.

그렇다면 주님이 말씀하시는 온유가 정확히 무얼 의미하는지 감이 조금씩 잡힌다. 먼저 나는 아무것도 아니라는 걸 깨닫고, 메마른 광야 같은 나의 영적인 자화상에 슬퍼할 줄 아는 사람이 되었기에, 이젠 내 모든 의지를 옥합처럼 깨뜨려 하나님 앞에 내려놓는 것이다. 그분의 뜻에 온전히 순종하기로 결단하는 것이다. 스탠리 하우어워스에 따르면 온유한 자는 이렇게 기도한다. "느껴야 할 것을 느끼게 하셔서 진정 생각해야 할 바를 생각하게 하소서. 눈물 흘려야 할 일에 눈물 흘리게 하셔서 진정 웃어야 할 때 웃을 줄 알게 하소서."[10]

그러니 심령이 가난한 자는 복이 있다는 말씀이 지성적인 차원이고, 애통하며 눈물 흘리는 자는 복이 있다는 말씀이 감정적인 차원이라면, 온유한 자는 복이 있다는 말씀은 의지적인 차원에 해당할 것이다. 우리는 하나님의 형상을 닮아 지성과 감정과 의지를 지니는 인격적인 존재이기 때문이다. 팔복 사다리의 처음 세 계단에서는 우선 마음이 가난해진다. 지성이 복을 받는 사건이다. 다음에 애통함으로 눈물이 떨어진다. 감정이 복을 받는 사건이다. 그러고 나서 하나님의 뜻 아래 내 뜻을 기꺼이 내려놓게 된다. 의지가 복을 받는 사건이다. 비로소 나의 지, 정, 의라는 전인격은 온전히 복된 존재가 된다. 온유함은 이처럼 하나님 앞에 깨어진 의지요, 그래서 주님의 섭리를 받아들이기 쉬운 마음이다. 완고함, 사나움, 복수심은 저 멀리 떠나보내고 만다. 온유한 자는 하나님의 말씀과 징계에도 복종한다. 그분의 길을 순순히 따른다. 그분의 계획에 선뜻 동의한다. 그리고 타인에게 무척이나 너그러워진다. 이는 타고난 양심으로 되는 게 아니다. 오직 은혜로 빚어지는 것이다.

## 순종하는 힘, 만족하는 삶

팔복의 온유는 그리스 아테네의 아크로폴리스 언덕에 올라가서 받을 수 있는 땅의 선물이 아니다. 예루살렘 올리브 동산에 계신 그리스도를 만나야만 받을 수 있는 하늘의 선물이다. 심령이 가난해지고 경건한 슬픔이 깃든 사람이 비로소 마음이 부드럽게 누그러져 하나님이 하시는 말씀을 어렵지 않게 받아들이는 성령의 열매가 온유함이다. 산 위 무리는 대부분 평범한 이들이어서 아리스토텔레스의 윤리학보다 자신들이 기르던 갖가지 동물을 떠올렸을 가능성이 컸을 것이다.

당시 온유함, 즉 '프라우스'란 집에서 길러진 잘 훈련되고 고삐에 잘 숙달된 말이나 온순하게 길들여져 주인의 갖가지 명령을 알아듣고 적절히 행동하는 법을 익힌 사냥개를 가리키는 말이었기 때문이다.[11] 그러니 "제 뜻대로 마옵시고 주인님 뜻대로 하옵소서." 이것이 온유함이다. 생의 모든 순간에 내 삶의 주인 되신 하나님 손에 자신을 전적으로 맡기는 것이기에, 유약한 것이 아니라 제어된 힘을 말한다. 내 안의 사자를 길들이는 것과 같다. 길들지 않은 야생마들은 전혀 유익할 게 없지만 잘 길든 적토마들은 얼마나 유익한가! J. C. 라일의 말처럼 "그들은 장거리 경주에서 실패하지 않는 자들이 된다."[12] 한마디로 온유함은 하나님 편에서 보면 당신의 말씀을 사랑하고 잘 배우고 한결같이 따르는 태도다.

가축과 들짐승의 차이가 무엇일까? 주인이 있느냐 없느냐일 것이다. 하지만 더 중요한 차이는 가축의 경우 사계절 어느 때고 걱정할 필요가 없다는 것이다. 주인이 먹을 것을 다 마련해 주고 보호해 주기 때문이다. 그래서 주인집에 있는 동물은 갈수록 온유해진다. 하지만 들짐승은 어떨까? 혼자 힘으로 험난한 들판에서 자기 운명을 돌봐야 한다. 아무도 지켜 주지 않는다. 자기 힘으로 목숨 걸고 싸우다가 뜯고 뜯기며, 쫓고 쫓기며 살아야 하는 처지다. 그들 가운데 온유함을 찾기가 가능하겠는가? 푸른 늑대가 온유할 수 있을까? 그 누구에게 부드러운 존재, 따뜻한 존재가 될 수나 있을까? 이 세상에서 나를 다스리고 이끌고 지켜 주는 목자 없는 인생이란 이처럼 굶주린 야생동물의 수준을 한 치도 넘어서질 못한다. 문제는 평생 약탈하며 살아 봐야 땅 한 평도 차지하지 못한 채 결국 들판에서 홀로 사라져 간다는 것이다. 마지막 숨을 거두어도 누가 묻어 주지 않는다. 덩그러니 방치될 뿐이다.

　어디 동물만 그럴까? 도처에 부는 바람도 다르지 않다. 바람도 하나님이 만드신 피조물이다. 부드럽고 따스한 산들바람은 시원하고 마음을 가라앉혀 주는 생명의 호흡이다. 그 바람이 부는 땅은 살아난다. 풀이 고개를 들고 꽃이 피더니 나무가 훌쩍 자라나 새들은 깃들고 열매가 가득해진다. 하지만 통제되지 않는 토네이도는 모든 소유와 주위 풍경까지 망가뜨리는 사망의 운동이다. 그런 바람이 부는 땅은 죽게 되어 있다. 그러니 모든 에너지가 철저하게 조절되고 제어되고 다스려지는 것만이 죽고 사는 모든 것을 가르게 된다. 만유의 사정이 이럴진대 온유함은 무엇일까? 내 속도를 포기하고 하나님의 속도에 순종하는 브레이크에 가까운 어떤 것이다. 더 빨리 달릴 수 있지만 내 발을 그분의 브레이크에 부드럽게 올려놓는 마음이다.

　더 나아가 온유함, 한자어로 따스하고(溫) 부드럽다(柔)는 것은 무엇보다 살아 있다는 증거다. 생명이 있을 때는 모든 것이 따사롭다. 손도 발도 뺨도 만져 보면 따듯하다. 하지만 죽고 나면 그야말로 머리부터 발끝까지 남김없이 차가워진다. 그러니 그 차가운 땅속에도 묻을 수 있는 것이다. 아니 묻을 수밖에 없는 것이다. 기독교 철학자 니콜라스 월터스토프는 땅에 아들을 묻던 날을 이렇게 회상했다. "스스로에게 묻곤 한다. 우리가 땅에 묻은 것이 에릭이었던가? 죽은 에릭의 뺨을 만져 보았다.

차가움과 멈춤. 그리고 경직된 몸에서 느껴지는 굳은 촉감이 나를 멈칫하게 했다."[13] 생명이 있는 것은 부드럽다. 하지만 죽고 나면 딱딱해진다. 생명이 꽉 찰 때는 촉촉하지만 생명이 떠나가면 말라 가고 시들어 가기 마련이다.

그래서일까? 생명의 영이신 성령께서 우리 심령에 계실 때면 영혼도 부드럽고 따스하고 촉촉해지지 않던가! 온유하게 된다는 말이다. 그렇게 된 나를 만나는 사람도 나로 인해 부드러워지고 따뜻해지고 촉촉해지는 법이다. 하지만 성령이 떠나가면 어떻게 될까? 개인도 가정도, 학교도 교회도, 기업도 정부도, 국가도 시대도 점점 팍팍해지고 메말라 가고 차가워진다. 예외가 없다. 그렇기에 우리네 인생과 가정, 교회와 일터가 따뜻하고 부드러운 나날들로 채워져 가려면 성령을 초대하고 그분이 찾아오실 때 심령에 고이 모셔야 한다.

## 만족하는 자의 찬가

프라우스! 온유함에는 히브리적 의미와 헬라적 의미가 같이 담겨 있다. 히브리적 관점에서 온유한 사람은 완전한 순종과 완전한 신뢰로 하나님께 전적으로 자신을 의탁한 사람이다. 헬라적 관점에서 온유한 사람은 자신의 모든 본능과 열정을 훈련과 통제 아래 두는 사람이다.

그렇다면 주님이 말씀하신 온유한 사람은 누구일까? 하나님에 의해 다스림을 받은 사람이 되었기에 이젠 자기를 진정 다스릴 줄 아는 사람일 것이다. 주님은 스스로를 진정 다스리고 싶은 자들에게 먼저 하나님께 다스림을 받는 존재가 되라고, 자신을 하나님께 꾸준히 맡겨 보라고 하신다. 디트리히 본회퍼에 따르면, "온유하다는 것은 헛되이 저항하지 않는 것을 의미한다. [주님이 맡기시는-저자] 짐에 반발하지 않고, 짐에 반감을 품지 않으며, [주님의 멍에를 메는 나의-저자] 피부가 쓸려 상하거나 다치지 않는 것을 의미한다. 온유하다는 것은 우리에게 짐을 부과하고 우리를 돕는 이가 하나님이시라는 것을 알기에 그 짐을 묵묵히 인내하면서 진다는 뜻이다."[14] 이러한 과정을 거치면서 온유의 열매는 성령의 햇살로 점차 영글어 간다. 마침내 하나님이 나를 위해 하신 모든 훈련에 적응되며 부드러워져 더는 예전처럼 그리 힘들이지 않고도 즐거이 견뎌낼 수 있다.

또한 주변 사람들을 향해서도 온유의 열매가 맺어져 사람들에게 받는 어떤 훈련도 끈기 있게 견뎌내고 결국 이겨낸다. 누가 나를 모욕하고 감정을 건드려도 예전같이 작은 냄비처럼 금방 끓어 넘치지 않는다. 매사에 나를 굳이 내세우지 않는다. 더 큰 책임감을 가지면서도 하나님 앞에 더욱 낮아지고 사람들 앞에 더욱 겸손하고 침착해진다. 본회퍼의 말처럼 "자기 뜻을 완전히 희생하고, 자기 뜻을 관철하려 하지 않는 겸손"이 영혼의 하비투스가 된다.[15] 이렇게 온유해지면 모르는 것 없이 다 알게 되어도 아는 척하지 않는다. 지식을 내세우지 않는다. 모르는 사람들을 배려한다. 온유해지면 다 말할 수 있는 힘이 있어도 말하지 않는다. 힘이 없어 말하지 못하는 사람들의 마음을 배려하는 것이다. 그래서 짐짓 모르는 척해 준다. 이렇듯 온유한 자만이 아는 침묵이 따로 있고 온유한 자만이 아는 무지가 따로 있다.

그래서 온유함의 선물을 받아 신적 섭리를 기뻐하게 되면 무엇보다 하나님의 뜻에 한결같이 순종하게 된다. "내일 날씨가 어떨까요?"라는 스텐하우스 박사의 질문에 솔즈베리 평원의 한 양치기 목동이 이렇게 대답했다고 한다. "네. 제가 좋아하는 날씨가 될 것입니다." 이 말은 "내일 날씨가 하나님을 기쁘시게 하는 날씨라면 저는 언제나 좋습니다"라는 의미였다.[16] 어쩌면 목동에게는 힘들게 일해야 하는 날씨가 될 수도 있다. '그렇다 해도 이곳 들판은 날씨와 관계없이 아니 날씨가 바뀔수록 오히려 하나님에 대해 묵상하게 될 테니 날씨가 어떠해도 상관없습니다. 하나님이 저를 어디에 놓으시든 그 자리가 저에게는 가장 좋은 자리겠지요. 제가 비를 맞는다면 그것도 이유가 있겠지요. 제가 바람에 시달린다 해도 그건 의미가 있겠지요.' 이러한 고백인 것이다. 이 양치기의 고백에서 무얼 느끼는가? 온유한 사람은 하나님과 다투지 않는다는 것이다.

오스왈드 챔버스가 말했듯이, 온유는 다름 아닌 하나님의 처분에 대해 온유한 것이다.[17] "은혜받은 나를 어째서 이렇게 만드셨나요?"라고 묻지 않는다. 오히려 순교자 손양원의 기도처럼, "솔로몬의 지혜도 좋지만, 욥의 인내는 더 아름답습니다. 꽃이 피는 봄날이나 열매 맺는 가을에만 당신의 사랑과 은혜가 있지 않습니다. 땀을 쏟는 여름에도 당신의 사랑은 여전하며 추운 겨울 주릴 때도 당신의 위로는 변함없나이다." 그렇게 노래한다.[18]

이와 동일한 음조를 마음에 담았던 유진 피터슨은 온유한 자가 땅을 기업으로 받는다는 의미를 "더도 말고 덜도 말고 자신의 모습 있는 그대로 만족하는 너희는 복이 있다. 그때 너희는 돈으로 살 수 없는 모든 것의 당당한 주인이 될 것"이라 풀어낸다.[19] 하나님 앞에 가난한 자임을 깨우치는 눈물을 흘리고, 그러한 자신을 자녀로 맞이하신 아버지의 오묘한 섭리에 자신을 그대로 내어 맡기는 자에게 경이로운 모든 것이 선물 꾸러미처럼 밀려온다. 땅과 하늘, 해와 달과 별, 구름과 바람, 비와 꽃과 향기, 산과 들, 강물과 바다, 새와 여우, 나비와 꿀…. 그래서 온유한 자는 싸우지 않고 얻는다. 주장하지 않아도 받아들여진다. 땅이 그에게 오는 것이 아니라, 그가 이미 땅을 품은 것이다. 조용히 걷는 그의 발자국마다, 하나님이 본향의 향기를 심으신다. 이러한 온유의 비밀을 알았던 성 프란체스코는 육신의 아버지의 상속을 모두 포기하고 가난한 수도자가 되어 하늘 아버지의 상속을 받고는 태양의 찬가를 지어 불렀다. "오 감미로워라, 가난한 내 맘에 한없이 샘솟는 정결한 사랑. 오 감미로워라, 나 외롭지 않고 온 세상 만물 향기와 빛으로, 피조물의 기쁨 찬미하는 여기. 지극히 작은 이 몸 있음을."

반면에 눈에 보이는 땅을 잠시 차지한 이들은 어떤 면에선 많은 걸 소유하고 있으면서도 실상 아무것도 소유하지 못하는지 모른다. 하지만 주님의 자녀들은 비록 발붙일 자기 땅이 없을지라도 이 땅에서의 삶을 차분하게 지낼 것이다. 그리스도인들이 누리는 본향이 이미 그들 마음속에 따로 있기 때문이다. 성 아우구스티누스의 말은 의미심장하다. "그러니 오만한 자들은 한때뿐인 속된 것들을 두고 다투고 싸우라고 하십시오. 그러나 온유한 사람들은 행복합니다! 그들은 땅을 차지할 것이기 때문입니다. 이 땅은 그들이 결코 쫓겨날 일 없는 땅입니다."[20]

모세가 그랬다. 성경은 모세처럼 온유한 사람이 없다고 했다(민 12:3). 모세의 온유함의 요체는 그의 기도(시 90편)에 잘 드러난다. 니사의 그레고리우스의 말처럼, "모세는 많은 사람 안에 있는 욕망의 요소들이 향하는 것들은 아무것도 원하지 않게 되었다."[21] 모세는 인생이 알량한 자존심을 세우려고 쟁투하며 헛되이 지나가기에는 너무나 짧고 아쉽고 눈물 나는 것이라 했다. 악착같이 굴어 봐야 시간은 화살처럼 날아가고 인간의 몸은 무척이나 약하다는 것이다. 그런 모세를 가련히 여기신 하나님은 그를 온유의 길로 들어서게 하신다. 더 중요한 것을 생각하고 더 소중한 것을 준비하는 지혜로운 자가 되게 하신다.

그러한 모세의 마음은 어느덧, 요한계시록 22장에 나오는, 하나님과 어린양의 보좌로부터 흘러나오는 수정처럼 빛나는 생명수 강같이 되어 갔다. 물은 요동하나 수정은 요동하지 않는다. 맑고 투명하고 잔잔하다. 고요하다. 평화로 가득하다. 온유한 마음이 이와 같다. 그 수정같이 곱고 부드럽고 따스한 마음을 성령께서는 생명수 강으로 삼아 생명나무의 열두 과실과 치유의 잎사귀를 만발하게 하실 것이다. 조용히 걷는 그의 발자국마다, 하나님이 본향의 향기를 심으신다. 그리고 그 향기 따라, 세상은 다시 피어나고, 그는 더 이상 갈 곳을 찾지 않는다. 이미 그 안에 본향이 있기 때문이다. 만족. 그것은 그가 지닌 온유의 또 다른 이름이다. "온유한 자들은 땅을 차지하며 풍성한 화평으로 즐거워하리로다"(시 37:11).

# 은혜의 자리

연단과 성숙

# 꽃길

> 모든 사람에게 구원을 주시는 하나님의 은혜가 나타나
> 우리를 양육하시되 경건하지 않은 것과 이 세상 정욕을 다 버리고
> 신중함과 의로움과 경건함으로 이 세상에 살고.
> (딛 2:11-12)

## 은혜가 특혜인 줄

오래진 섬기던 교회에서 있었던 일이다. 교역자 회의 시간이었는데, 부교역자 한 명이 자기가 성경을 묵상하다가 큰 깨달음을 얻었다는 것이다. 무슨 깨달음인지 다들 귀를 기울였다. "은혜는 특혜더라고요." 그 자리에 있던 부교역자들은 그 말이 정말 은혜가 된다면서 그 후 예배 시간마다 교인들에게 그 메시지를 확산시켰다. "사랑하는 교우님들. 은혜는 특혜인 거 아시죠. 우린 그야말로 특혜 받은 사람들인 겁니다!" 이렇게 전하니까 교인들이 다들 얼굴빛이 환해지면서 "아멘, 아멘" 하며 좋아하는데 나는 왠지 좀 불안했다. '정말 은혜가 특혜일까?'

우리 사회는 해방 이후로도 유달리 특혜에 집착해 왔다. '특혜'(privilege)란 특정 계층에 속한 특정인에게만 예외적으로 잘해 주는 유별난 대우를 말한다. 한마디로 특권인 것이다. 특혜는 특혜를 받은 사람에게서 끝난다. 더 큰 문제는 특혜를 받은 소수 때문에 나머지 대다수 사람은 불이익을 받는 경우가 있다는 것이다. 그런데 어떻게 그런 용어를 쉽게 은혜에 대응시킬 수 있었을까? 생각하면 지금도 아찔하다.

그렇게 특혜 신앙을 강조한 지 얼마 되지 않아 교회에서 간증 집회가 열렸다. 어느 집사가 자기가 "하나님! 돈벼락을 내려 주옵소서!"라는 기도를 뜨겁게 했더니 남편 사업이 대박 났다는 내용이었다. 그날 이후로 한참 동안 교회 여기저기서 여성 교우들의 '돈벼락' 기도가 유행처럼 번졌다. 얼마 후 간증한 집사의 남편 사업이 이번엔 쪽박을 찼다는 날벼락 같은 소식이 들렸고, '돈벼락' 기도는 슬그머니 사라지고 말았다. '특혜' 신앙과 '돈벼락' 기도로 연결된 그 씁쓸한 추억 한 토막은 비단 내가 섬기던 교회만의 웃지 못할 진풍경은 아닐 것이다.

한신대 김영수 교수의 2018년 연구 발표에 따르면, 한국 기독교의 근간을 이루는 토착성령운동은 영성의 개인적 경향성을 여실히 보여 준다.[1] 교단을 막론하고 신자들 사이에서는 세속 가치를 추구하는 가족 중심의 청원 기도가 기도생활의 주류를 이루고 있었다. 물론 청원 기도를 폄하하거나 부정하는 것은 바람직하지 않다. "이 세상 험하고 나 비록 약하나"라는 찬양 가사처럼, 우리 인간은 들의 꽃이나 하늘의 새처럼 하나님의 절대적인 돌보심 아래 살아갈 수밖에 없는 연약한 존재이기 때문이다. 하지만 문제는 한국 교회 신자들 대다수의 기도 패턴에서 사적인 영성의 흐름이 지나치게 강렬하다는 것이다. 신자의 기도는 교회의 영적 상태를 반영하는 거울과 같다. 세속적 욕망을 담은 개인 기도만 넘쳐나는 풍경은 교회 가르침의 골자가 개인의 영혼 구원과 현세의 생존 혹은 번영이었음을 보여 주는 방증이기도 하다. 더군다나 은혜 신앙을 특혜 신앙으로 둔갑시켜 가며 사적 영성의 흐름을 집요하게 강화하는 바람에, 교회의 공적 기능과 대사회적인 공적 역할을 소홀하게 만든 부작용은 심각하다.

> 네 고향과 네 가족과 네 아버지 집을 떠나, 내가 네게 보여 줄 땅으로 가거라. 내가 너를 큰 민족이 되게 하고 네게 복을 주겠다. 너는 복의 근원이 될 것이다. 너를 축복하는 자에게는 내가 복을 내리고 너를 저주하는 자에게는 내가 저주를 내리겠다. 세상 모든 민족이 너로 인하여 복을 받을 것이다. (창 12:1-3, 『메시지』)

## 특혜 말고 은혜 받기

하나님이 아브라함에게 베푸신 것은 은혜이지 특혜가 아니었다. '은혜'(grace)는 먼저 그것을 받은 사람이 그 후로 일생 만나는 허다한 이들에게 '신적 호의'(divine favor)를 강물처럼 흘려보내는 통로가 되게 한다. 중세 신학자 토마스 아퀴나스(Thomas Aquinas)는 은혜에 어떤 사람이 품은 사랑, 그 사랑으로 거저 받은 선물, 그렇게 거저 받은 선물을 감사하게 여기는 마음, 이렇게 세 가지 의미가 담겨 있다고 했다. 은혜의 식탁에 최소한 세 개의 다리가 있어야 한다는 것이다. 더 나아가 그는 은혜를 '남겨진 어떤 것'으로 묘사한다. "은혜는 분명 그것을 받은 사람 속에 무언가를, 곧 값없이 받은 선물이든 그 선물에 대한 감사의 마음이든, 남겨 놓게 된다."[2] 어떤 이에게는 선물만 남겨질 수 있고, 또 어떤 이에게는 선물뿐 아니라 감사의 마음까지 남겨질 수 있다는 것이다. 전자에게 선물은 자칫 나만의 특혜로 끝날 수 있지만, 후자에게 선물은 너를 위한 은혜로 힘껏 달려갈 것이다.

그렇기에 진정 은혜를 받은 사람은 자신의 세속적 이익을 희생하기도 하고 예상치 못한 고난까지도 (타자를 위해) 감수하곤 한다. 은혜를 전하는 사명을 감당하는 공적 인격이 형성되려면 사적 신앙이 깎여야 하기 때문이다. 하나님이 아브라함을 은혜의 길로 부르신 후 아브라함으로 하여금 가나안 땅에서 처음 만나게 하신 것은 면제나 열외 같은 것이 아니었다. 기근이라는 공동의 시련을 겪어 내는 것이었다. 아브라함이 전에 갈대아 우르에서 특전을 누리며 살던 세상 때를 벗기려고 믿음의 테스트를 하신 것이다.

이렇듯 하나님은 언제나 인생이 서늘할 때 '다가오시는' 분이다. 에덴의 아담에게 그러셨듯이, 하나님은 아침의 화창함이 아니라 저녁의 산들바람 속에 아브라함에게 다가오신다. 헤르만 바빙크는 은혜를 '이러한 다가오심'으로 규정한다.[3] 반대로 특혜가 눈이 부시게 접근할 때 제대로 알아보지도 않고 은혜라 생각해서 덥석 붙잡으면 곤란하지 않겠는가? 언제나 그렇듯, 마귀는 우리에게 특혜의 꽃길만 걷게 해주겠다고 달콤하게 속삭인다. 사익을 손쉽게 달성하는 지름길로 어서 달려 보라고 손짓한다. 그러나 하나님은 우리에게 험난한 가시밭길을 감수하면 끝내 많은 사람에게 은혜를 끼치게 될 거라고 약속하신다.

그런데도 한국 교회는 하나님의 심오한 은혜를 그저 사적인 특혜 수준으로 강등하여 왜소하게 만들어 버리는 경향이 있다. 디트리히 본회퍼가 독일 교회의 '값싼 은혜'(cheap grace) 신앙을 탄식했던 걸 보면, 이러한 일은 시대와 장소를 불문하고 일어나는 것 같다. 세상이 꿈꾸는 특혜가 나의 삶을 잘 풀리게 만들어 줄지라도, 하나님이 베푸시는 은혜는 우리의 삶을 올바르게 만들어 준다. 특혜는 나만 예외적으로 좋은 대접을 받는 것으로 끝나는 반면에, 은혜는 모두가 좋은 대접을 받을 수 있도록 흘러간다. 세상 사람들과 구별된 나만 예수 믿고 구원받아 하나님께 특별히 사랑받는 존재가 되었다는 식의 감정을 품는 태도는 사적 복음을 강화할 뿐이다. 우리가 읽는 성경에 이런 감정을 표현하는 본문이 있을까? 어떤 이들은 "너는 내 것이라"(사 43:1)라는 말씀을 특혜라는 안경으로 즐겨 해석할 것이다. 그러면 나만을 위한 복음이 탄생한다. "너는 (하나님께) 특별하단다"라는 성경 메시지가 어느새 "너만 (하나님께) 특별하단다"로 슬쩍 둔갑해 버린다. 이런 식의 개인 중심적인 달달한 성경 읽기를 강조하는 분위기에 젖어 지내다 보면, 그리스도인들이 어떤 모습이 되어갈지 눈에 선하지 않은가? 나 자신, 내 가정의 구원과 번영은 너무나 중요한데 정작 세상과 이웃의 애달픈 한숨 소리에는 무심한 자들로 변해갈지 모른다.

어른을 위한 동화『연어』로 알려진 안도현 시인이 읽으면서 몇 번이고 반성문을 써야만 했던 책이 있었다. 고집쟁이 농사꾼이라 불리는 전우익 선생이 쓰신『혼자만 잘 살믄 무슨 재민겨』다. 이보다 기억에 남는 책 제목이 있을까. 제목처럼, 설사 하나님으로부터 무슨 특혜를 받아내서 "내가 제일 잘나가!"라고 우쭐거린다 해도, 그 삶에 정말 사는 재미가 있을까? (성경에 나오는 이방 집권자들이나 예루살렘의 고위직 인사들이 이런 부류일 것이다.) 오히려 성경은 인간이란 혼자만 잘살면 재미가 없도록 만들어진 존재라고 누누이 강조하지 않았던가! 하나님은 사람을 혼자만 잘되고자 하면 도리어 허무하게 되도록 만드셨다. 인간은 공동체적 존재로 지어졌으며, 반(反)공동체적으로 살면 결국엔 불행해질 수밖에 없도록 조건이 설정되어 있다.

영국 케임브리지의 영성신학자 필립 셸드레이크(Philip Sheldrake)는 인간의 마음이란 공동체이신 "삼위 하나님의 내적 사랑을 공유하는 공동체 또는 사회로 부름을 받는" 마음이라고 했다. 따라서 인간의 마음에는 "하나님의 관계적 형상이 깃들어 있어서 인간은 관계의 단절이 아니라 관계에서 충만함을 느낄 때만 온전할 수 있다." 더불어 인간의 마음은 이 세상에 "창조된 모든 것"과 연결되어 있다. 따라서 그는 인간이 영적 존재라는 것의 의미는 하나님과의 연결된 관계가 다른 사람들과의 연결로 확장될 때 "살아 있다고 느낀다"는 것이라고 말한다.[4] 전우익 선생이 말하는 '사는 재미'와 셸드레이크가 말하는 '살아 있음의 느낌'은 실은 동일한 영적 현상인 셈이다. 그런데 이렇듯 '사는 재미'와 '살아 있음의 느낌'이 듬뿍 담긴 은혜의 신앙을 가르치며 실천해야 할 교회가 '혼자만 잘돼도 괜찮지 않아?'라는 특혜 신앙에 푹 젖어 지내 온 건 아닌지 깊이 성찰해야 할 것이다.

## 꽃길이 아니라 가시밭길로

특혜 신앙이 아닌 은혜 신앙을 회복하는 한 가지 방법은 본이 되었던 선각자들의 삶에 담긴 어떤 '공통성'(commonality)을 찾아내는 것이다. 교회사학자 김명혁은 은혜의 삶을 보여 준 기독교 영성가들이 공유했던 모습은 예수님의 착함, 약함, 주변성을 닮으려는 삶이었다고 말한다. 모든 것을 다 내어 버리는 '약함', 타자를 위한 존재가 되어 함께 살며 나누고 베푸는 '착함', 자기를 부인하고 중심지를 떠나 변두리로 달려가는 '주변성.' 한국 교회의 선각자들은 이 같은 영성의 펜 세 자루만 가지고도 공공성의 종이 위에 그리스도의 편지를 아름답고도 넉넉하게 써 내려갔다는 것이다.[5]

당대 최고의 의사였지만 병원 옥탑방에서 무소유의 삶을 살았고, 빈자들을 무료 진료하며 의료보험 제도의 싹을 마련했던 장기려 박사. 오산학교를 설립한 겨레의 스승이면서도 학교 똥통 청소는 늘 도맡아 했던 남강 이승훈 선생. 미국에서 고학한 끝에 일군 서구식 기업을 고국에서 더욱 꽃피웠고, 그 결실을 전부 사회에 환원했던 기업가 유일한 박사. 피난민으로 시작된 대형 교회 목회를 하면서도 청빈, 검소, 겸손으로 나라와 민족을 신실하게 섬겼던 한경직 목사. 유복한 집안의 신여성으로 자랐지만 고아와 병자, 걸인과 나환자를 지극한 사랑과 기도로

섬기다 스물셋 꽃다운 나이에 세상을 떠난 조선의 성자 방애인 선생. 성서적 토지 운동을 위해 몸소 평등과 우애의 공동체를 태백 골짜기에 일구며 영성과 공공성 결합의 극치를 보여 주었던 벽안의 수도자 대천덕 신부.[6]

한국 교회의 위대한 선각자들은 한결같이 물신주의와 성공주의, 국가주의와 개인주의의 우상에 굴복하는 사적 신앙의 유혹에 빠지지 않았다. 그들은 하늘의 은총을 맛보고는 자신의 실력과 자산을 아낌없이 봉헌했고, 일생 겸손하게 공익을 위한 자기부정의 삶을 오롯이 살아냈다. 그들의 공통점은, 사적 특혜의 길을 단호히 거부하고, 거룩하신 주님의 약함과 착함과 주변성을 흠모하며, 이름도 빛도 없이 일생 끝까지 공적 은혜의 여정을 따른 것이다. 하나님으로 충만한 삶을 살았던 그들의 인생 사전에 특혜란 단어는 찾을 길이 없었다.

하지만 오늘날 한국 교회는 입에 담기도 부끄러운 온갖 특혜들을 대담하게 움켜쥐는 사적 신앙으로 인해 교회의 공공성이 심각하게 침해되는 수치스러운 일련의 사태들을 겪는 중이다. 게다가 국가적으로도 권력을 잡은 자들이 보수와 진보, 이념과 진영을 가리지 않고 사적 특권에 탐닉하고, 위선의 진상이 만천하에 공개되어도 일말의 부끄러움조차 모르는 채 대한민국의 흑역사를 민망하게 써 내려가는 중이다. 모든 국민이 더불어 사는 맛이 나도록 공동의 선을 추구하는 국가 경영은 고사하고 독선에 빠져 지내는 위정자들의 민낯을 보고 있노라면, 그동안 은혜의 가시밭길보다 특혜의 꽃길을 더 칭송해 온 한국 교회의 영적, 사회적 책임이 크고도 두렵게 느껴진다. 지금이라도 모든 그리스도인이 지긋지긋한 정치 싸움, 권력 다툼, 번영 신학, 돈벼락 기도를 배설물처럼 여기고, 하나님 나라를 위해 십자가를 지신 우리 주님의 약함, 착함, 주변성을 공적 영성의 기준으로 삼아 은혜의 경주에 과감히 뛰어들어야 하지 않을까? 참말이지 은혜는 특혜가 아니기 때문이다.

# 연단

> 또한 그로 말미암아 우리가 믿음으로 서 있는
> 이 은혜에 들어감을 얻었으며 하나님의 영광을 바라고 즐거워하느니라.
> 다만 이뿐 아니라 우리가 환난 중에도 즐거워하나니
> 이는 환난은 인내를, 인내는 연단을, 연단은 소망을 이루는 줄 앎이로다.
>
> (롬 5:2-4)

## 조율사 하나님

조율되지 않은 악기는 금세 티가 난다. 값비싼 악기여도 불협화음을 피할 수 없다. 천재적인 연주자도 조율되지 않은 악기로는 제 실력을 발휘할 수 없다. 우리의 인생도 이와 같다. 하나님의 손길 없이는 우리도 세상의 소음 속에서 끊임없이 삐걱대는 불협화음을 낼 뿐이다. 불협화음이 삶의 선율을 어긋나게 한다. 아무리 열정적으로 살아가려 해도, 하나님의 섬세한 조율이 없으면 그 인생의 선율은 혼란스러울 수밖에 없다.

조율되지 않은 인생은 혼돈 속에서 방황한다. 하지만 하나님은 숙련된 조율사이시다. 하나님의 손길이 닿으면, 우리 인생은 혼돈을 벗어나 점차 천상의 선율을 찾아간다. 하나님은 서서히, 신비롭게 우리 인생을 조율하신다. 하나님의 조율이 우리의 묵은 짐들을 거두면, 우리의 영혼은 신성한 선율로 새롭게 변한다.

그러나 조율은 단순한 인생의 조정이 아니다. 그것은 우리의 깊은 내면에서 시작되는 성령의 작업이자 성화의 여정이다. 하나님의 손길은 우리의 죄를 정리하고, 우리를 영광스러운 구속의 선율로 이끄신다. 또한 조율은 순간의 일이 아니다. 조율은 매일의 삶에서 지속적으로 이루어지는 하나님의 작업이다. 우리의 기도, 우리의 일상, 우리의 고난 속에서 하나님은 끊임없이 우리를 다듬으신다. 조율은 인내와 기다림의 시간이기도 하며, 우리의 신앙이 점점 깊어지는 과정이다. 성경에서도 이 성화의 과정을 이렇게 말한다. "두렵고 떨림으로 너희 구원을 이루라. 너희 안에서 행하시는 이는 하나님이시니 자기의 기쁘신 뜻을 위하여 너희로 소원을 두고 행하게 하시나니"(빌 2:12-13). 사람은 자신의 힘만으로 성화에 이를 수 없다. 하나님이 우리의 내면을 조율하시고 그분의 뜻에 따라 영혼을 다듬으신다. 로마서 12:1-2에서 바울은 권면한다. "너희 몸을 하나님이 기뻐하시는 거룩한 산 제물로 드리라. 이는 너희가 드릴 영적 예배니라. 너희는 이 세대를 본받지 말고 오직 마음을 새롭게 함으로 변화를 받아 하나님의 선하시고 기뻐하시고 온전하신 뜻이 무엇인지 분별하도록 하라." 이처럼 하나님의 조율은 외적인 변화에 그치지 않고 우리의 영혼을 새롭게 빚어내는 신비로운 과정이다. 그분의 손길은 우리 인생뿐 아니라 우주와 별들을 완벽한 질서 속에서 움직이신다. 하나님의 손길 아래서 창조는 질서와 아름다움으로 충만하며, 우리는 그 안에서 깊은 메시지를 듣는다.

## 하나님의 별 헤는 밤

몇 해 전, 몽골 북쪽 국경의 어느 호수에서 하늘을 올려다봤을 때 별들이 눈앞에 쏟아질 것 같은 충만함을 느꼈다. 하늘은 별들로 가득 찼고, 그 무게에 눌려 금방이라도 터질 듯 보였다. 창세기 15장의 아브람이 그랬을 것이다. 자식 하나 없이 텐트 속에서 홀로 불빛을 바라보던 아브람을 하나님은 밖으로 이끌어 내셨다. 그리고 하늘을 가득 채운 별들을 가리키며 말씀하셨다. "네가 셀 수 있거든 저 별들을 세어 보아라." 그날 밤 하늘도 그랬을 것이다. 별을 하나둘 세어 보던 아브람은 금세 그만두었을 것이다. 헤아릴 수 없을 만큼 많은 별처럼 무수히 많아질 후손을 하나님은 약속하셨다. 그 무한한 가능성과 축복을 담은 별들 사이에서, 아브람은 자신의 인생이 하나님의 손길 아래 어떻게 조율되어 가는지 깨닫기 시작했을 것이다.

그때까지도 아브람은 자신의 눈으로 볼 수 있는 별들이 우주의 전부라고 생각했을 것이다. 자식 하나 없는 처지에, 쏟아질 듯한 수천 개의 별들을 보며 후손을 그만큼 주신다는 말씀을 받아들일 수 있었을까? 아브람에게는 상상하기 어려운 약속이었을 것이다. 그런데도 아브람은 하나님을 믿었다. 그는 눈으로 헤아릴 수 없는 수많은 별들에 담긴 축복이 하나님의 약속임을 신뢰했다. 하나님은 아브람이 보고 믿은 것을 기특하게 여기셨다. 하지만 아브람이 본 것은 별들 중 일부에 불과했다. 아브람 입장에서는 인간의 상식을 훌쩍 뛰어넘는 믿음이었지만, 하나님께는 작은 믿음이었다. 왜냐하면 아브람이 하나님의 거대한 농장에서 겨우 겨자씨 하나를 보고 어린아이처럼 기뻐하는 것과 다를 바 없었기 때문이다. 하지만 그것으로 충분했다.

종교개혁가 칼뱅은 우주를 하나님의 영광을 보여 주는 극장이라고 했다.[1] 그렇다면 아브람이 본 밤하늘의 별들은 하나님의 영광의 극장에서 상영된 영화의 아주 짧은 장면에 불과하지 않았을까? 불과 1초도 되지 않는 분량일지도 모른다. 하나님이 약속하신 자손의 수는 아브람이 상상한 것보다 훨씬 광대했다. 하나님은 분명 밤하늘의 별들만큼 후손이 많아질 거라고 약속하셨다. 그렇다면 그날 밤 우주 공간에는 실제로 얼마나 많은 별이 있었을까? 그것이 궁금해진다. 왜냐하면 선물을 받는 아브람이 아니라 선물을 주시는 하나님이 알고 계셨던 실제 별들의 숫자가 그분이 생각하신 언약의 실상에 가까웠을 것이기 때문이다.

우주에는 단 하나의 은하만 해도 약 1천억 개 이상의 별들을 가지고 있다. 그런데 우주에는 약 2조 개의 은하가 존재하는 것으로 추정된다. 현재 발견된 별의 숫자는 2곱하기 10의 23제곱, 즉 2천해다. 1억의 1만 배가 조, 1조의 1만 배가 경, 1경의 1만 배가 해다. 2천해는 지구상에 있는 모든 해변의 모래알을 합친 것의 30배에 해당하는 엄청난 숫자다. 하나님의 언약은 이처럼 무한하고 셀 수 없는 축복을 약속했다. 그래서 하나님은 아브람에게 "하늘의 별과 같고, 땅의 모래와 같게 하리니"라고 약속하셨던 것 아닐까. 그분이 주신 약속은 그 어떤 인간적 상상력으로도 헤아릴 수 없는 축복이었다. 그러나 2천해는 관측 가능한 우주에 존재할 것으로 추정되는 별의 수일 뿐이다. 그 너머에 얼마나 더 많은 별이 있는지 우리는 알 수 없다.

이것이 바로 하나님이 아브람에게 주신 언약의 크기다. 그 약속의 실상이 얼마나 거대한지 깨달아야 한다. 그렇다면 그 수많은 우주의 별들을 하나님은 어떻게 만드셨을까? 그 별들을 담은 우주는 또 어떻게 지으셨을까? 아브람이 밤하늘을 바라보며 느꼈던 경이로움은 사실 하나님이 세상을 창조하신 그 경이로움의 일부에 불과했다. 하나님이 우주와 별들을 없는 데서 불러내셨다는 사실도 놀랍지만, 더 놀라운 것은 그분이 이 모든 것을 세심하게 조율하셨다는 사실이다. 이것이 '우주의 미세조정'이다.

"최근에 생명의 기원을 연구하는 과학자들은 우주에 생명체가 존재하기 위해서는 빅뱅 순간부터 우주가 놀라울 정도로 정밀하게 조정되어 있어야 한다는 사실을 발견했다." 즉, 우주가 처음부터 대단히 복잡하고 민감한 균형 속에서 존재해야 한다는 것이다. 그렇지 않으면 "생명체는 고사하고, 항성이나 행성, 화학 물질, 심지어 원자처럼 미세한 물질조차도 존재할 수 없었을 것이다. 예를 들어, 중력이나 전자기력이 10의 40승 분의 1만큼만 변했어도 생명체는 고사하고 태양과 같은 항성조차 존재하지 못한다. 우주 온도가 섭씨로 10의 10승 도가 되었을 시점에, 그 팽창 속도가 1조 분의 1만큼만 증가하거나 감소했더라도, 우주는 뜨거운 화구가 되어 버리거나 은하계가 응축할 수 없게 돼 버린다."[2]

이쯤 되면, 우주가 그저 우연히 만들어진 것이 아니라 그 누군가의 섬세한 손길에 의해 존재한다는 사실을 인정하지 않을 수 없다. 사실 우주에 있는 모든 것은 '이 절대적인 은혜에 들어감을 얻은' 존재다. 우주가 탄생할 확률도 무한소에 가깝고, 우주에 생명체가 탄생할 확률도 무한소에 가깝다. 생물학적 복잡성을 지닌 생명체가 나올 확률도 무한소에 가깝다. 그야말로 어떤 절대적인 지적 설계자가 아니고서는 설명될 수 없는, 섬세한 손길이 빚어낸 결과물이다. 하늘과 별, 그리고 이 땅 위에 존재하는 우리는 모두 상상을 초월하는 하나님의 미세하고 정교한 계획 속에 존재하게 되었다.

  4천 년 전, 아브람은 고작해야 2천 개의 별만 보고도 하나님을 믿었다. 그런데 오늘날 우리는 2천해나 되는 별의 존재를 알고도 하나님을 믿지 못한다. 주님이 도마에게 하신 말씀이 떠오른다. "네 손가락을 이리 내밀어 내 손을 만져 보고, 네 손을 내밀어 내 옆구리에 넣어 보라. 그리고 믿음 없는 자가 되지 말고, 믿는 자가 되라." 도마가 "나의 주님, 나의 하나님"이라고 고백하자, 주님은 말씀하셨다. "너는 나를 본 고로 믿느냐? 보지 못하고 믿는 자들이 더 복되도다." 그렇다면 오늘날 1천억 개가 넘는 은하들을 보고도 믿지 못하는 우리보다 고작해야 깜박거리는 별 몇 개를 보고도 믿었던 아브람이 더 복된 삶을 살았던 것은 아닐까? 아브람은 그 너머에 있는 더 많은 별들을 전혀 보지 못했지만, 아이처럼 순수한 믿음으로 하나님을 신뢰했다. 하나님은 우리가 보지 못한 별들, 우리가 이해하지 못한 미래까지도 모두 꿰뚫어보시며 계획하고 계신다. 더군다나 아브람은 오늘날의 과학자들처럼 하나님이 밤하늘의 별들을 얼마나 정교하게 조율하셨는지 알지 못했다.[3] 하지만 그것을 몰랐어도, 하나님이 자신의 인생을 세심하게 조율하신다는 것을 점점 깊이 깨달아 갔다. "우주에 생명체가 존재하려면, 우주의 성장에 있어서 매우 중요한 이른바 우주 상수(cosmological constant)가 10의 53제곱 분의 1의 정확도로 세밀하게 조정되어 있어야 한다."[36] 그러나 아브람은 이 모든 과학적 사실을 몰랐어도, 하나님이 자신의 인생을 조율하시고 인도하신다는 사실만큼은 분명히 알았다.

## 조율, 소망의 공방

이렇듯 우주의 별들과 모든 생명체는 하나님이 극도로 미세하게 조율해 놓으신 은혜, 즉 창조의 은혜 안에 들어감을 얻었다. 창조의 조율은 그 자체로 놀라운 것이지만, 사도 바울은 하나님의 자녀들이 거기서 한 걸음 더 나아가 "믿음으로 서 있는 구원의 은혜에 들어감을 얻었다"라고 선언한다. 창조의 경이로움을 바라보며, 우리는 그보다 크고 놀라운 구원의 조율을 경험하게 된다. 하나님이 우리의 삶을 조율하시는 방식은 고난을 통해서만 이루어지는 것이 아니다. 그것은 성령을 통해 우리의 내면을 변화시키며, 죄에서 벗어나게 하고 의로 나아가게 하는 구원의 작업이다. 바울이 '연단'을 통한 '소망'을 강조한 것처럼, 이 조율은 우리의 신앙적 인격을 빚어내는 과정이다.

창조의 은혜가 없는 것을 있게 하시는 기적 같은 은혜라면, 구원의 은혜는 바랄 수 없는 것을 바랄 수 있게 하시는 기막힌 은혜일 것이다. 죄 많은 인간이 하나님의 자녀로 입양된다는 것이 어찌 바랄 수 있는 일이겠는가? 말할 줄도 모르던 어린아이 같은 존재가 그리스도의 대사로 임명된다는 것이 어떻게 가능하겠는가? 그런데 사도 바울에 따르면, 바로 그 이유로 하나님은 그리스도인들에게 여러 고난과 고초를 허락하신다. 고난 속에서 우리의 신앙은 더욱 조율되고, 더 깊은 소망을 향해 나아가게 된다. 이 무슨 황당한 시추에이션인가? 오랫동안 헤어졌던 아이가 자기 자식으로 판정되면 맛있는 것도 사주고, 예쁜 옷도 입히고, 영화를 보여 주며 기뻐할 법한데, 하늘 아버지인 분이, 가지고 있는 것도 무한한 분이 어찌 주는 것도 없이 생고생부터 시키시는가? 이렇게 물을 수도 있을 것이다.

사도 바울은 고난의 이유가 소망 때문이라고 말한다. 하나님이 소망을 주기 위해 고난을 주셨다는 것이다. 말이 되는 소리인가? 소망을 주시려면 기쁨을 주셔야 하지 않는가? 소망을 주시려면 응답을 주셔야 마땅하지 않는가? 소망을 품게 하시려면 기대할 만한 어떤 징조라도 주셔야 하는 게 아닌가? 그런데 성경은 역설적으로 하나님이 소망을 주기 위해 고난을 허락하신다고 말한다. 예수를 믿자마자 고생을 겪게 하신다는데, 성경은 이걸 믿으라고 한다.

결론부터 말하면, 예수님의 십자가로 인해 하나님께 의롭다고 인정받은 자녀들, 즉 새로운 신분을 받은 우리에게는 그 신분에 합당한 수준을 갖추도록 연단하시는 것이 하나님의 목적이다. 그래서 하나님은 의롭게 된 신분에 걸맞은 자질과 성품을 주시려는 그 사랑 때문에, 자기 자녀들에게 고난과 인내를 통한 연단을 허락하신다. 이 과정에서 하나님은 악기를 조율하듯 우리를 조율하신다. 우리의 내면을 다듬으시고, 우리의 삶을 그분의 뜻에 맞추어 세밀하게 조정하신다. 그걸 튜닝이라고 한다. 명품 피아노도 조율이 되어 있지 않으면 절대 제 음을 낼 수 없듯이, 우리의 삶에도 조율이 필요하다. 피아노 현의 음높이, 즉 피치를 맞추지 않으면 아무리 뛰어난 피아니스트가 연주해도 소용이 없다. 열심을 낼수록 더 이상한 소리가 날 것이다.

그래서 피아니스트보다 조율사가 먼저 와야 한다. 조율이란 들쭉날쭉한 것들을 가지런히 맞추는 작업이다. 피아노의 현이 느슨하면 연주는 엉망이 된다. 우리의 인생도 하나님의 섬세한 손길이 없으면 무의미한 음을 낸다. 하나님은 우리 인생을 조율하시면서 은밀한 손길로 우리의 내면을 다듬어 가신다. 조율은 불완전한 음을 완벽한 하모니로 만드는 작업이다. 조율의 과정은 때로 고통스럽고 느리며, 우리가 원하는 것과 다른 방향으로 이끌어 간다. 그러나 하나님의 손길은 때로는 강하게 때로는 부드럽게 우리의 영혼을 조율하신다. 이 조율은 단순한 조정이 아니라, 하나님의 은혜로 우리의 인생이 신성한 오케스트라의 한 부분이 되어 아름답게 울려 퍼지게 하는 작업이다. 물론 피아노 입장에서는 얼마나 고단한 과정일까 싶다. 어서 피아니스트의 손을 통해 아름다운 선율을 내고 싶은데, 계속 조이고 풀어야 하니 말이다. 그러나 그 과정을 거치지 않고는 절대 아름다운 소리가 나지 않는다. 우리의 인생도 이와 다르지 않다. 우리는 때로 빨리 가고 싶지만, 하나님은 조율의 시간을 허락하신다. 그 과정을 통해 우리는 준비되고, 하나님의 손길로 조율된 뒤에야 비로소 아름다운 선율을 내게 된다.

악기를 조율하고 나면 연주회가 쉬지 않고 펼쳐질까? 그렇지 않다. 하나의 연주회가 끝나면 또다시 악기는 조율되어야 한다. 하나님은 우리의 삶에서도 계속 조율을 하신다. 한 번의 고난과 인내로 끝나는 것이 아니라, 매번 새로운 연단을 통해 우리의 인생을 끊임없이 조율해 가신다. 연주와 연주 사이에는 항상 조율이 필요하다. 그것이 악기의 운명이다. 그러나 그 조율의 시간은 결코 징벌이 아니다. 이는 악기를 꾸짖고 책망하는 시간이 아니라, 악기를 소중하게 아껴 주는 구별된 시간이다. 감동적인 연주를 기대하기에 악기는 조율의 시간을 갖는다. 하나님이 우리를 조율하시는 시간도 그러하다. 조율은 사랑으로 우리를 준비시키는 시간이다. 이렇듯 인생의 환난도 소망을 이루는 과정이라고 성경은 말한다. 하나님의 손길 아래 우리는 날마다 새로운 하모니로 빚어져 간다. 하나님의 손길이 닿을 때, 우리의 혼돈은 찬송의 선율로 바뀐다.

## 신성에서 초신성으로

초신성(supernova)은 신성(nova)보다 에너지가 큰 별의 폭발을 의미한다. 종교개혁의 중요한 기틀을 마련한 칼뱅의 『기독교강요』 라틴어 초판(1536년)이 중세 유럽의 칠흑 같은 밤하늘에 떠오른 한줄기 신성이었다면, 『기독교강요』 프랑스어 초판(1541년)은 극심한 박해를 겪으며 유랑하던 프로테스탄트 신자들의 어두운 순례길을 밝혀 준 찬란한 초신성이었다. 죽은 별에 갑작스러운 핵융합 재점화로 초신성이 생성되듯, 자신의 생애 첫 교회개혁의 실패와 추방으로 자칫 잊힐 뻔했던 약관의 신성 칼뱅을 교회사를 영원히 비추는 초신성의 반열로 끌어올린 것은 그의 영적 스승 마르틴 부처(Martin Bucer)의 돌봄 아래서 보냈던 3년의 훈련 기간 덕분이었다. 이 기간에는 경건한 말씀 묵상과 연구, 스승 및 친구들과의 깊은 대화, 박해에도 굴하지 않던 피난민들을 위한 설교와 강연이 곳곳에 녹아 있다. 제네바를 떠난 칼뱅이 스트라스부르에 머물던 3년 동안 그의 신학적 깊이는 극도로 더해 갔고, 그리 길지 않았던 이 시기는 평생 동안 발산

된 것으로 추정되는 에너지의 대부분을 형성했다. 1차 제네바 시절까진 다소 콧대 높은 순진한 젊은 학자였을지 몰라도, 이제는 세심한 균형 감각으로 식견이 풍성해진 온유한 목회자로 재생되어, 2차 제네바 시절에는 그 도시에 소망을 주는 지도자가 되었다.[5]

하나님은 자신의 종들을 정금같이 순결하게 만드시고, 자신 앞에 바로 서도록 연단의 과정을 허락하신다. 요셉에게 그렇게 하셨고, 다윗에게도 그러하셨다. 바울과 칼뱅에게도 마찬가지였다. 하나님은 열매 없이 잎사귀만 무성한 무화과나무처럼 되지 않도록 잠시 환난을 허락하셨다. 고난의 시간은 단순한 시련이 아니라 하나님이 우리의 삶을 다듬으시는 시간이다. 고난을 통해 우리는 참된 소망을 얻고, 하나님 앞에서 새롭게 조율된 악기가 된다. 하나님은 장래에 소망이 없는 존재가 되지 않게 하시려고 역경을 주신 것이다.

사실 우리는 소망에 대해 많은 오해를 한다. 세상에서 일이 잘 풀리면 소망도 생기고, 계획이 틀어지면 소망도 멀어진다고 생각하기 때문이다. 그러나 성경은 참된 소망이 고난 속에서 자라난다고 가르친다. 내 인생의 건반에서 흘러나오는 음이 내 귀에 익숙하다고 해서 진정으로 좋은 음인 것은 아니다. 하나님의 손길은 때로 우리가 이해하지 못하는 방식으로 우리의 삶을 조율한다. 하나님의 조율은 그저 인간적인 고난을 의미하지 않는다. 칼뱅에 따르면, 조율은 하나님이 그분의 주권적 은혜로 우리를 성화시키시는 과정이다. 아우구스티누스는 자신의 삶이 하나님의 손길 안에서 점진적으로 변화되어 가는 과정이라고 고백했다. 그의 회심 이후, 하나님은 아우구스티누스의 과거 죄를 연단의 도구로 삼아 그를 거룩함으로 이끌어 가셨다. 루터 역시 고난 속에서 신앙이 조율되었고, 그를 통해 종교개혁의 불길이 타올랐다.

이렇듯 하나님은 우리를 다듬어 하나님의 영광을 드러내는 존재로 만드신다. 조율은 곧 성화의 과정이며, 하나님의 구원 계획 안에서 우리가 성숙한 믿음을 갖추어 가는 여정이다. 그래서 하나님은 천국 콘서트를 위한 악기로 쓰기 위해 우리를 잠시 조율 열차에 태우신다. 우리는 그분의 손길 속에서 아름다운 멜로디를 연주할 준비를 하게 된다. 하지만 그 조율 열차가 가는 길에는 또 다른 역들이 있다. 바울은 환난 역과 소망 역 사이에 두 개의 역이 더 있다고 말한다. 이번이 환난 역이면 그다음은 소망 역일까? 그러면 좋겠지만, 그 다음 역은 인내 역 그다음은 연단 역이라는 안내 방송이 이어진다.

그렇다. 환난만이 인내를 낳는다. 그래서인지 주님은 우리에게 환난이 닥치면 피하라 말씀하지 않으신다. 오히려 그 환난 속에 머물며 하나님을 신뢰하라고 하신다. 바울은 '인내'를 강조하면서, 그 인내가 단순한 고통의 연장이 아니라 궁극으로 우리의 신앙을 다듬고 연단하는 과정임을 가르쳤다. 이 연단(δοκιμή, '도키메')은 단순히 견뎌야 하는 과정이 아니라, 정련된 금속처럼 우리를 더 강하고 순수하게 만드는 과정이다. 그렇기에 인내하라고, 그 환난 아래 있으라고, 견디라고 하신다. 바울은 고난이 인내를 낳고, 인내는 연단을 낳으며, 연단은 소망을 낳는다고 가르쳤다. 따라서 우리는 이 고난의 과정이 단순한 고통이 아니라, 하나님이 우리를 조율하시는 신성한 손길이라는 사실을 잊어서는 안 된다. 소극적으로 버티는 것이 아니라 적극적으로 그 시간을 활용하여 성장해야 한다. 이 인내의 과정을 통해 우리의 영혼은 연단되고, 하나님의 손길로 더욱 정교하게 조율된다. 창조주의 조율이 밤하늘의 신성을 초신성으로 변화시키는 것을 기억하고, 우리도 조율사의 손길 아래에서 허락된 시기를 기다릴 줄 아는 악기가 되어야 한다.

그러면 인내는 연단을 낳고, 연단은 우리의 신앙을 더욱 빛나게 한다. 연단은 불량률이 없는 특등품으로 검증된 자질과 인격을 뜻한다. 하나님의 조율을 받은 인생은 불량률이 없는 신앙의 품질을 자랑하게 된다. 고난을 겪는 동안 인내해야 하는 이유는 분명하다. 인내를 통해 우리의 신앙, 인격, 그리고 실력이 하나님과 세상 앞에서 공증되기 때문이다. 그래서 하나님은 요셉에게도 고난을 허락하셨다. 그 고난의 시간은 조율의 신비로 가득한 시간이다. 고난을 겪는 동안 우리는 하나님 앞에서 정금처럼 순결해진다. 그 과정을 통해 누구나 인정할 수밖에 없는 품격을 갖춘 진품 신앙이 탄생한다.

그리스도인은 하나님의 악기처럼 하나님의 섬세한 손길로 끊임없이 조율되어 가는 존재다. 요셉이 그랬듯이, 그리스도인은 장구한 조율의 시간을 통해 자기 일생에 퍼진 각종 음표를 모아 하나님 나라의 교향곡을 연주해 내는 존재임을 믿는다. 소망은 어디에서 나오는가? 하나님께 인정받은 자질과 인격에서 나온다. 왜 한국 교회가 소망을 잃었는가? 로마서는 그 답을 명확히 알려 준다. 역사 앞에서 공증받은 자질과 인격을 갖춘 지도자가 이 땅에 희귀하기 때문이다. 그리스도인은 고생과 역경의 시간을 겪더라도, 인내와 연단을 통해 주님의 인격을 닮은 자질과 성품을 갖춘 새로운 존재로 변화될 것이다. 틸리히의 말처럼 "그 어떤 종교도 중요하지 않다. 오직 새로운 상태만이(only a new state of things) 중요한 것이다."[6] 고난으로 인내를, 인내로 연단을, 연단으로 인격을, 그리고 그 인격으로 소망을 교회에 심어 주는 주님의 놀라운 손길이여, 부디 나의 일생을 당신의 악기로 삼아, 당신의 손길로 조율된 영광스러운 연주를 하옵소서.

# 씨앗

> 더러는 좋은 땅에 떨어지매 자라 무성하여 결실하였으니
> 삼십 배나 육십 배나 백 배가 되었느니라.
>
> (막 4:1-20)

## 하나님의 나라는 흙의 나라

세상 나라는 거대한 신상처럼 밀려오지만, 하나님 나라는 조그만 씨앗처럼 다가온다. 세상 나라는 타인의 땅을 부수면서 들어오지만, 하나님 나라는 타인의 땅을 일구면서 스며든다. 다니엘서를 보면 세상 나라는 금, 은, 동, 철, 도기와 같다. 모두 딱딱하기 이를 데 없는 데다 부딪치기만 한다. 하지만 생각해 보자. 금에서 곡식이 자랄 수 있을까. 은에서 나무가 클 수 있을까. 청동에서 꽃이 필 수 있을까. 도기에서 과일이 영글 수 있을까. 그런 일은 없다. 우상의 나라에 생명의 자리는 없다. 쟁투하다 차례로 무너지기 일쑤다. 폴 케네디의 고전『강대국의 흥망』은 이

를 생생히 증언한다. 생명을 품을 수 없는 우상의 나라는 대중을 잠시 조종하고 억제할 수 있을지 몰라도, 내면을 한결같이 새롭게 하지는 못한다. 반면 하나님 나라는 말씀의 씨앗을 가지고 인격적으로 마음을 파고든다. 주님은 "사람 안에 있는 토양을 경작하시는 유일한 분"이다.[1] 만물을 새롭게 하는 일들이 흙 속 깊이 은밀히 진행된다. 이를 알았던 융은 인격이란 "오직 평생에 걸쳐 여러 단계를 느릿느릿 거치며 발달할 수 있는" 씨앗과 같다고 보았다.[2]

흥미로운 것은 흙이라고 다 같은 흙이 아니라는 사실이다. 성경은 인격을 갖춘 흙도 있지만 아직 인격을 갖추지 못한 흙도 있다고 알려 준다. 이것이 씨 뿌리는 자 비유의 핵심이다. 천국 소식을 받았을 때 잘 준비된 마음도 있었지만 전혀 준비되지 못한 마음도 있더라는 것이다. 그래서 하나님 나라는 그저 흙이기만 한 나라가 아니라 좋은 흙의 나라다. 공관복음에는 네 종류의 땅이 등장한다. 길가, 돌밭, 가시떨기 그리고 좋은 땅. 찰스 스펄전은 목회자가 제아무리 말씀을 열심히 전해도, 4분의 3은 별 성과가 없고 4분의 1 정도만 열매를 맺을 것이라고 주장하기도 했다. 하나님이 선택하신 좋은 땅만 구원의 열매를 맺을 것이라는 의미다. 예수님 당시 이스라엘에는 하나의 밭에 길가도 있고 돌밭도 있고 가시떨기도 있고 좋은 땅도 있었던 모양이다. 그러한 밭에 씨앗이 골고루 뿌려졌는데, 좋은 땅만 열매를 맺었다는 것이다. 그렇다면 네 종류의 밭이 가리키는 것은 무얼까? 사람 중에도 길가, 돌밭, 가시떨기, 좋은 땅이 있다는 것이다.

맨 먼저 나오는 땅은 길가다. 신학자 헬무트 틸리케는 길과 도로는 유명인과 무명인을 모두 염두에 둔다고 상정한다. 한편으로, 중요한 지위에 있고 영향력이 남다른 거물들은 마치 누구나 그 이름을 알아주는 유명한 도로와 같다고 그는 비유한다. 원하는 목적지로 가려면 반드시 거쳐야만 하는 교차로 같아서, 북적대며 왕래하는 발걸음들로 쉴 틈이 없는 도로 같은 명사들이 있다. 그러다 보니 멈출 줄 모르는 분주함 속에 정작 "날마다 적어도 15분이라도 '밭'이 되지 못하고" 텅 비어 황량한 아스팔트 바닥으로 마치더라는 것이다.[3]

다른 한편으로, "사람들이 밟고 지나다니게 하는 게" 자기 운명이라 할 수 있는 길에는 평범한 무명인들도 있다. 그들은 그들대로 상전들에게 치이다 보니 정작 자기 집 "문을 몇 센티미터만 열고 [가가호호 초인종을 누르며 전도하던 젊은 날의 유진 피터슨일 수도 있을—저자] 성가신 방문객을 상대하다가 곧바로 떠나보내는 것"과 다르지 않게 성경을 대강 훑어본다는 것이다.[4] 처음부터 그러지는 않았을 텐데, 이름 모를 길들도 어쩌다 이리 딱딱하게 되었는지 비애감이 든다. 문제는 그리 되다 보니 그들의 "생각과 욕구도 [그들을 함부로 밟고 지나갔던 사람들처럼―저자] 낮이나 밤이나 그저 잘 먹고 잘 마시고 육신의 더러운 욕망을 채우는 데만 가 있게" 되었다는 것이다.[5]

결국 도로에서는, 유명인이든 무명인이든 주중에 일상적인 왕래에만 몰두하다 보면, 주일 예배 시간마저 "설교에는 조금도 관심을 두지 않는" 지경이 되고,[6] "세상의 것은 모두 알지만, 하나님의 것은 조금도 모르는" 빈곤한 영혼으로 덩그러니 남을 것이다. 자비로운 주님은 어떤 계기를 만들어서라도 길과 도로에 씨앗을 뿌리실 테지만, "온갖 사람의 발아래 밟혀 단단하고 어리석은 것이 되면 어떤 씨앗도 자신을 덮을 만큼 충분한 흙을 [매끈히 다져진 도로에서는―저자] 발견할 수 없지" 않겠는가.[7]

흙이 얕은 돌밭은 진실하고 선하고 아름다운 성품은 얕은 데 반해, 하나님이 아닌 다른 것을 채우고픈 열망이 가득한 채 말씀을 대하는 마음이다. "언뜻 보면, 이 두 번째 부류는 조금 더 나은 것처럼 보인다. 이들은 불모의 바위가 아니라, 적어도 말씀의 싹을 틔우는 능력이 있는 얕은 지층"이기 때문이다.[8] 하지만 씨앗은 본래 "살짝 건드려지기만 하라"고 주어진 것이 아니다. "믿는 이의 영혼 안에 남아 있는, 아직도 육에 이끌리는 죄스러운 본성"이라는 "바위는 씨를 제 속에 받아들이지 못한다."[9] 체포된 주님이라는 볼품없는 씨앗을 대하는 베드로의 마음이 그러지 않았나 싶다. 타는 숯불처럼 뜨거워진 그 순간에는 자기 목숨을 아끼지 않을 자신이 있었다. 지층이 없지 않았기 때문이다. 그 얇은 열정으로 대제사장의 종 말고의 오른편 귀를 베어 버린다. 하지만 군대가 들이닥치고 믿었던 주님마저 힘없이 끌려가자, 냄비처럼 끓던 그의 감정은 빠르게 식어 갔다. 숯불 앞에서 언 몸을 데우며 세 번이나 주님을 모른다고 외면한다. 그날 베드로의 영혼의 밭에서 사건에 반응한 부분이 인격의 두터운 지층이 아니라 (아직은 충분히 일구지 못한) 자아의 얇은 지층 아니었을까.

하나님의 말씀을 듣는 즉시로 (자기 삶에 유용하겠다 싶어) 뜨겁게 반응하는 이들이 적지 않다. 물론 하나님의 말씀에 감격으로 반응하는 것은 귀하지만, 때로는 그 "지나친 감격"이 인격의 깊이보다 앞서 솟구친 거품 같은 정서로 사라질 위험도 있다.[10] 그런 거품 같은 정서는, 속성상 일시적인 인상을 남길지는 몰라도, '하룻밤에 났다가 하룻밤에 말라 버린 박넝쿨'(욘 4:10)처럼 꾸준함과는 거리가 멀다. 교부 키릴로스(Kyrillos)의 말처럼 "그들의 신심에는 수액이 없고 뿌리도 없다. 그들은 교회에 들어와, 많은 사람이 모여 있는 걸 보고 즐거워한다. 복음의 신비를 가르치는 교사에게 기쁘게 배우고 그들을 칭찬하기도 한다. 그들은 깊은 생각과 판단하는 마음 없이, 정화되지 않은 의지로 이 일을 한다."[11] 그렇게 건조한 지성과 피상적인 감정으로 적당히 안온하게 지내다가, 상황이 생각한 대로 움직이지 않으면 종교심이 소용돌이치며 가라앉는다. 신앙생활의 행복한 면만 생각하며 얄팍한 흥분에 빠지곤 했지만, 자기 삶의 중대한 목표에 별 효과가 없을 것 같으면 뒤도 돌아보지 않는 것이다. 교부 에프렘(Ephrem)은 "주님의 말씀을 듣고 그분의 기적에 감동했지만, 시험받을 때는 아무 열매도 맺지 못한 유다 같은 사람들"을 폭로한다.[12]

어쩌면 그들도 한때는 하나님 나라에 이미 들어간 것처럼 한껏 자부했을 것이다. 하지만 실제로 하나님 나라에 들어간 적은 없었다. 그들만의 나라에 들어가려 했을 뿐이고, 그래서 하나님도 사용하려 했을 뿐이다. 구원이 아니라 해결책이 필요했을 것이다. 그러다 예상대로 일이 풀리지 않고 믿음 때문에 손해를 입을 것 같으니 언제 그랬느냐며 거추장스레 여긴다. 해결사를 찾았다고 생각하던 순간은 누구보다 감정이 뜨거워졌을 텐데, 상대가 내가 원하는 해결사가 아님을 아는 순간 마음이 삽시간에 식어 버린 것이다. 칼뱅은 그런 한때의 자원함을 "검불에 붙은 불처럼 쉽게 사라져 버리는 커다란 섬광"에 비유했다.[13] 이렇듯 "자기의 모든 재산을 하찮게 여기고 자기 걸 잃을 줄도 아는" 마음으로 하나님을 섬기지 않은 이들에게 60배의 열매를 맺는 추수 날은 결단코 오지 않을 것이다.[14]

다음으로 가시떨기를 차지하고 있는 "근심, 재물, 쾌락"[15]이라는 세 거인을 직시하면서, 신학자 틸리케는 오늘날도 사정은 다르지 않다고 말한다. "각 사람 안에는 우리를 지배하고 싶어서 우리의 온 마음을 전례 없이 강력하게 요구하는 특정한 힘(명예욕, 권력욕, 성욕)이 있다."[16] 이 매력적인 힘들은 막 자라 나온 싹이 크지 못하도록 잔혹하게 찌른다. 교부 키릴로스도 이것을 우려한다. "구원자께서 뿌리신 씨 가운데 영혼 중에는 제대로 자리 잡은 씨도 있다. 그런데 그 씨가 싹을 틔우고 세상에 모습을 드러내자, 세상 걱정이 그것의 숨을 막고 쓸데없는 부분만 웃자라서 말라 버린다."[17]

가시떨기 씨앗의 성장기 초반에 주목한 여타 관점과 달리, 씨앗의 성장기 중반과 후반에 더욱 주목하는 칼뱅은 "곡식이 잘 자라나면 줄기가 생기는데 이 줄기가 생겨나자마자 가시와 유독한 잡초에 의하여 숨이 막혀 죽임을 당한다"라고 경고한다. 한 걸음 더 나아가 그는 "이 욕망이 말씀의 성장 초기부터 그 세력을 뻗치지는 않는 것 같다. 그러나 말씀의 싹이 돋아 올라와서 결실을 예상케 할 때는 점차 이 싹을 덮친다"라고 재차 경고한다.[18] 교부 파스카시우스(Paschasius)는 재물, 근심, 쾌락이라는 거대한 가시에 찔려 상한 싹과 줄기를 고치는 치료제로 "자선과 신앙"을 처방한다. "자선과 신앙이 그대를 떠나지 않게 하십시오. 날마다 죽음이 곁에 있음을 기억하고, 무덤이 벌써 그대를 가둔 것처럼 행동하십시오. 세상일로 염려하지 마십시오."[19] 가시떨기 같던 마음이라도 처방전에 따라 "자신의 소유를 바치며, 자기 것을 잃을 줄 알며, 금욕생활을 하고, 육체적 결핍을 견딜 수 있는…백배까지" "건강한 잎을 내고 아름다운 꽃을 피우며 열매를 무르익게 하는" 좋은 흙이 될 수 있다는 것이다.[20]

이렇게 네 종류의 땅을 제대로 들여다보면, 금이나 청동이나 도기 못지않게 딱딱한 길바닥이 되어 버린 밭을 하나님 나라의 흙이라고 부를 수는 없을 것이다. 흙은 한없이 얇은데 거친 돌들이 한없이 두꺼운 돌밭도, 온전히 부서진 마음이 아니라면 그 나라의 흙일 수 없다. 염려와 망상이라는 억센 잡초로 뒤덮인 밭도 그 나라의 흙으로 판정할 수 없다. 그렇다면 어떤 밭이 그 나라의 흙이 될 수 있을까. 아마도 감화된 이성, 두터운 성품, 한결같은 의지로 이루어진 신앙과 인격 아닐까. 그래서 하나님은 하늘 씨앗을 품어 내는 비옥한 토양 같은 신앙과 인격으로 빚기 위해 그리스도인에게 때로 고난을 허락하신다. 이를 몸소 체험한 루터는 좋은 목회자가 되려면 묵상과 기도와 더불어 고난이 필수라고 했다.

## 네 밭의 자화상

하지만 지금까지 살펴본 비유의 내용은 빙산의 일각일 뿐, 아직 드러나지 않은 큰 부분이 있다. 그것은 한 사람 안에 네 종류의 밭이 정도와 면적은 달라도 남김없이 분포되어 있다는 사실이다. 예를 들면, 어떤 이는 좋은 밭이 겨우 5퍼센트이고 나머지 세 밭을 합치면 95퍼센트에 육박할 수 있다. 또 다른 이는 좋은 밭이 80퍼센트이고 나머지 세 밭을 다 모아도 고작 20퍼센트일 수도 있다. 이는 어느 한순간을 찍은 공시적(共時的) 풍경일 수 있겠으나, 긴 인생을 통틀어 본 통시적(通時的) 풍경일 수도 있다. 틸리케의 말을 주목하자.

> 여기서 중요한 것은 특정 유형의 사람이나 특정 부류의 사람들이 아니기 때문입니다. 여기서는 각 개인 안에 네 가지 밭이 자리하고 있다고 이해하는 것이 중요합니다. 우리의 인생에는 특정한 시기들이 있습니다. 우리의 자아에는 특정한 층들이 있습니다. 그 층들 안에서 우리는 길과 같은 사람이기도 하고, 바위 같은 사람이기도 하며, 가시덤불 같은 사람이기도 하면서, 열매를 맺는 경작지의 사람이기도 합니다.[21]

여기서 우리는 주님이 언뜻 보기에 길가, 돌밭, 가시떨기 같은 사람의 마음에도 그분의 씨앗을 뿌리시는 이유를 깨닫게 된다. 마음에 길가가 없는 사람도 없고, 돌밭이 없는 사람도 없고, 가시떨기가 없는 사람도 없기 때문이다. 아니 좋은 땅이 단 한 평도 나오지 않을 사람은 없기 때문이다. 교부 크리소스토무스는 '황금의 입'이라는 별명답게 이를 감동적으로 풀어낸다.

> 그런데 어째서 가시덤불이나 돌밭, 길에 씨를 뿌리는 것일까요? 실제로 땅에 씨앗을 뿌릴 때 이렇게 한다면, 그다지 잘하는 일이 아닙니다. 그러나 인간의 영혼이나 영혼의 교육과 관련해서는 매우 칭찬하고 존경할 만한 일입니다. 돌밭은 열매를 맺을 수 없으니, 농부가 돌밭에 씨를 뿌린다면 웃음을 살 것입니다. 길이 길 아닌 다른 것이 되거나 가시덤불이 가시덤불 아닌 다른 것이 될 가능성은 별로 없습니다. 그러나 영혼에 관해서는, 그렇게 잘라 말할 수 없습니다. 영혼의 경우에는 돌밭이 기름진 땅으로 변하기도 하기 때문입니다. 아무나 지나가고 모든 사람한테 짓밟히던 길이 기름진 땅이 되기도 합니다. 영혼의 경우에는 가시덤불이 모두 치워져 씨앗이 완벽하게 안전을 누리기도 합니다. 그런 일이 일어날 수 없다면, 이 씨 뿌리는 사람은 씨를 뿌리지 않았을 것입니다.[22]

더 나아가 인간의 일생에도 영적인 사계절이 있다. 청년 시절에는 (친구들과 연인이 밟고 지나간 마음이라) 굳어진 보도처럼 되었다가, 장년 시절에는 (어떻게든 살아내야 하다 보니) 잡초밭처럼 지내다가도, 나이 들어 (지난날을 꾸준히 회개하여 마음씨 너그러운) 좋은 밭이 되어 마침내 (의미 있는 어떤 결실을) 수확하는 계절을 맞이하기도 한다. 주님을 가까이서 따랐던 베드로에게는 제자였어도 세상 걱정 끊이지 않던 잡초밭의 시간도 있었고, 마음이 차돌처럼 단단해져 그만 마귀의 하수가 될 뻔한 길바닥의 시간도 있었다. 박해가 오자 아예 주님을 외면하던 자갈밭의 시간까지도 있었다. 하지만 자신은 씨앗처럼 죽어서 썩는 순교의 자리에서 결국 백 배의 열매를 맺어 내는 좋은 땅이 되지 않았던가.

교부 클레멘스(Clemens)의 보고는 의미심장하다. "씨들이 땅에 떨어져 시들고 껍질을 벗고 썩습니다. 주님의 위대한 섭리는 바로 그 주검을 다시 살리시어, 싹이 돋고 자라나 많은 열매를 맺게 하십니다."[23] 그러니 오늘 누군가 잠시 자갈밭처럼 보일지라도 섣불리 예단하지 말자. 언젠가 괜찮은 밭으로 바뀔지 누가 알겠는가. 올해 내가 좋은 땅 같다고 생각되면 장담하지 말자. 이듬해 불현듯 욕심 많은 잡초로 뒤덮인 신세가 될지 어찌 알겠는가. 선 줄로 생각하면 넘어질까 조심하라던 바울의 경고를 기억하자. 바울도 남에게 전한 후에 자신이 버림을 당할까 도리어 두려워한다고 고백했다.

## 나를 써 주시는 하나님의 은혜

언뜻 길가보다는 그래도 돌밭이, 돌밭보다는 가시떨기가 나아 보인다. 가시떨기와 좋은 땅은 비교조차 민망하다. 그러나 사람들 보기에 좋아 보이는 흙이라 해도 하나님이 사명의 씨앗을 뿌려 주시지 않으면 아무 소용 없다. 그저 적막한 빈 들, 메마른 황야일 뿐. 잊지 말자. 하나님이 써 주시지 않으면 그 어떤 땅도 아무 쓸모 없고, 하나님이 써 주시기만 하면 그 어떤 땅도 달라질 수 있다는 것을.

그러니 은혜 가운데 가장 큰 은혜는 바로 '나를 써 주시는 은혜'가 아닐까. 쓰임받는 복. 아, 하나님 손에 들려 쓰임받는 복이야말로 인생 최고의 복이다! 솔직해지자. 옥토라서 풍년이 온 것도 아니고, 광야라서 흉년이 온 것도 아니다. 아무리 좋은 땅이라 해도 씨앗이 뿌려지지 않고, 단비가 내리지 않으면 풀 한 포기도 자라지 못한다. 그러니 오늘도 겸손히 기도한다. 주님, 주께서 씨앗을 뿌려 주시고, 햇살을 비춰 주시고, 단비를 내려 주시고, 성령의 바람이 불게 하소서. 그리하여 내 영혼의 밭에서 싹이 트고 자라 열매 맺는 그런 인격이 되게 하소서.

# 환대

너희가 가서 강보에 싸여 구유에 뉘어 있는 아기를 보리니
이것이 너희에게 표적이니라.

(눅 2:12)

## 빈방 있습니까

유년 주일학교 시절 성탄절이 다가오면 교회는 성극 준비로 떠들썩했다. 늘 동방박사 시리즈만 상연하다가 어느 해인가 완전히 차원이 다른 작품이 등장했다. 연극 제목이 "빈방 있습니까?"였다. 내용은 이랬다. 어느 시골 교회의 성탄절 성극에서 바보 소년 덕구가 베들레헴의 여관 주인 역을 맡는다. 덕구가 해야 할 대사는 하나뿐이다. "빈방 없어요." 한겨울에 찾아온 요셉과 만삭의 마리아를 그 한마디로 단칼에 거절해야 하는데, 덕구는 차마 그러질 못한다. 한참 망설이다 "빈방이 있으니 어서 들어오라"라고 말하는 바람에 연극은 엉망이 되고 만다. 집

에 돌아온 덕구는 방에서 혼자 울며 이렇게 기도한다. "예수님한테 방이 없다고 말할 수는 없었어요." 연극은 찡한 여운을 남기며 막을 내렸다.

　이렇듯 지난 이천 년 동안 모든 (특히 서방) 교회는 마리아와 요셉이 여관에 빈방이 없어 하는 수 없이 어느 마구간에 들어가 아기 예수를 낳은 것으로 믿어 왔다. 그런데 정말 예수님은 베들레헴의 여관에서 빈방을 찾지 못해 말과 소와 양이 지내는 마구간에서 태어나신 걸까? 어쩌다가 그런 일이 생긴 것인지 의문이 생긴다. 사람이 마구간에서 태어난다는 사실 자체도 그렇지만 이스라엘이 그토록 대망하던 메시아에게 그런 일이 벌어졌다는 것이 더욱 당혹스럽다. 성서 고고학자들은 그 마구간이 과연 어떤 곳이었는지 밝히려고 오랫동안 씨름해 왔다.

## 바클레이의 마구간

영국의 신약학자 윌리엄 바클레이(William Barclay)는 당시 여행자를 위한 숙박 시설이 말이 안 될 정도로 원시적인 수준이었다고 말한다.[1] 도움을 청할 친척이 없어 유숙할 여관을 찾았다면, 요셉과 만삭의 마리아는 먼저 당시 베들레헴 마을 중앙에 자리한 공용 뜰로 갔을 것이다. 이곳은 일종의 자그마한 마을 광장이다. 거기에는 동물들을 위한 마구 시설들이 있었고, 조금 떨어진 곳에는 일렬로 세워진 헛간 같은 것이 있었다. 그 헛간 수준의 방들이 나그네들이 하룻밤을 묵는 잠자리였다. 보통 사람들이 생각하는 시골의 허름한 헛간보다 훨씬 못한 것이었다. 당시 여관은 식사 시설을 갖추지 못했기에 여행자는 자기 식사를 알아서 해결해야 했고, 여관 주인이 하는 일이란 고작 요리할 불과 동물들에게 먹일 사료를 꺼내 주는 정도였다. 더구나 호적 조사로 사람들이 모여들어 혼잡했기에, 요셉과 마리아는 그 초라한 헛간 같은 방도 얻지 못하여 마을 광장 한가운데 여행자들이 동물들을 매어 두었던 공동 마구간으로 가서 아기를 해산한 것으로 보인다. 작가 프레드릭 비크너(Frederick Buechner)의 추측대로라면, 그날 밤 여관 주인은 요셉과 마리아처럼 가난하고 "말도 잘할 줄 모르는 무력한" "그런 치들은 [이런 북새통에서는 차라리—저자] 마구간에서 더 편안해"할 거라 치부하며 내보내는 일종의 배려(?)를 베풀었을 것이다.[2]

아기 예수가 태어난 곳이 마을 광장의 마구간이라니! 예수님은 낮에는 사람들이 지나다니고 밤에는 동물들을 매어 놓는 마을 광장, 누구나 지나갈 수 있고 누구나 동물을 매어 놓을 수 있는 열린 공간에서 태어나신 셈이다. 제대로 된 지붕이나 벽 같은 것도 갖추지 못했던, 그저 동물들을 매는 기둥과 훗날 골고다의 거친 십자가의 나뭇결만큼이나 "거친 나뭇결"의 구유만 덩그러니 놓인 공용 마구간…³ 아기 예수가 이런 마구간에서 태어나신 것은 메시아가 극도로 비정한 사회에서 최하층으로 전락한 사람들, 즉 레미제라블(les miserable)의 자리에 찾아오신 사건일 것이다. 바클레이의 마구간은 한편으로는 하늘의 왕자가 영광의 예복을 벗고 이 땅의 거지의 옷으로 갈아입었다는 드라마틱한 이야기의 배경이 되겠지만, 다른 한편으로는 베들레헴이라는 전통 사회 구성원의 덕성이 밑바닥이었다는 오명을 역사에 길이 남기게 된다. 바클레이의 마구간 이미지는 19세기 유럽 사회에서 일어났던 아동 노동 착취를 고발하는 한스 크리스티안 안데르센(Hans Christian Andersen)의 동화 <성냥팔이 소녀>처럼 학대받고 소외되고 가난한 아이들의 애달픈 사연에서 재현되곤 했다.

### 베일리의 마구간

그런데 40년 동안 중동 지방에 머무르며 신약학자로 활동한 미국의 케네스 베일리(Kenneth E. Bailey)는 위와 같은 전통적인 입장을 반박하는 해석을 제시했다.⁴ 그는 예수님이 태어나신 마구간은 베들레헴 중앙 광장의 공용 마구간일 수 없다고 단언한다. 베일리는 성서 고고학과 문화 인류학의 수준에서 이를 논증했다. 먼저 누가복음 2:6을 원어로 살펴보면 "거기 있을 그때에"는 '거기 있는 동안에'라는 뜻이다. 그러므로 요셉이 베들레헴으로 들어간 바로 그날 마리아가 해산한 게 아니라 최소한 며칠, 길게는 몇 주가 지난 후에 해산했을 것이며, 요셉은 마리아의 해산을 준비할 충분한 시간이 있었을 것이라고 말한다. 게다가 그가 아무리 몰락했어도 여전히 다윗 왕가의 후손이었고, 베들레헴에는 친척들이 있었으며, 옆 마을에는 마리아의 사촌도 있었다. 베일리는 중동 지역이 그때나 지금이나 친족 중심의 대가족 공동체 망으로 되어 있던 것에 주목한다. 그러므로 요셉이 그들을 찾아가지 않고 마을 광장의 공동 마구간으로 갔다고 생각하기는 어렵다는 것이다.

베일리는 신약성경의 주 무대가 되는 팔레스타인 지역의 가옥 구조에서 다른 마구간의 단서를 찾아냈다. 그의 연구에 따르면, 이스라엘의 부자들은 자기가 사는 집과 분리된 별도의 창고와 마구간을 가지고 있었지만(눅 12:18), 아기 예수는 그런 부자의 창고에 딸린 마구간에서 태어난 것도 아니다. 만약 어느 부자가 창고의 마구간을 내주었다면, 산모와 아기를 그런 환경에서 며칠 혹은 몇 주를 지내게 한 것은 베들레헴이 비정한 마을이라고 온 이스라엘에 광고하는 일이 되었을 것이다. 아버지 요셉도 무능한 가장이란 오명을 씻을 수 없고, 마구간 구유에 놓인 아기를 구경만 하고 그대로 돌아간 목자들이나 동방박사들은 정말 한심한 부류가 되고 만다.

당시 평범한 농부들은 대부분 방이 하나 혹은 둘 있는 소박한 가옥에서 살았다. 그런 집의 맨 왼쪽 낮은 곳에는 들어가는 문이 있고, 그 문을 열면 실내 마구간이 있다. 그리고 안쪽 오른편에 작은 계단이 있어 올라가면 그곳이 방이다. 여기에 아기 예수의 출생 비밀이 숨어 있다. 베들레헴 사람들은 대부분 농부였고 가난했다. 자기 집에 소, 나귀, 양을 몇 마리만 갖고 살았다. 이 짐승들은 귀한 재산이자 식구였다. 잃어버리면 큰일이 아닐 수 없다. 그래서 집 안에 같이 데리고 살았다. 이스라엘은 밤이 춥다. 난방 시설이 따로 없었다. 현관문 입구 쪽에 있던 마구간의 동물들과 벽도 없이 이어진 위쪽 방의 식구들이 서로의 체온으로 함께 추위를 덜었다. 간단히 말하면, 집 안에 방이 둘 있는데 낮은 방은 마구간이요 높은 방은 안방이었으며, 그 사이에 벽은 없었다. 경사가 져 있어 안방을 물로 청소하면 곧장 마구간으로 흘러내려 간다. 구유는 마구간 바닥이 아니라 높은 쪽 가족 방 끝에다가 방바닥을 정성껏 파서 만들었다. 소나 나귀는 가족 방 쪽으로 목을 내밀어 구유에 놓인 여물을 먹었다. 키가 작은 양들은 마구간 바닥에 만든 작은 구유에서 먹었다. 이것이 주님이 말씀하셨던 '등잔불을 안방에 켜 두면 그 불이 온 집을 환하게 비추었던'(마 5:15) 옛날식 가옥 구조다.

그러므로 베일리에 따르면, 들판의 목자들이 마구간 구

유에 있는 아기를 보았다는 누가의 기록이나(눅 2:7, 12) 동방박사들이 어느 집 안에 들어가 아기를 보았다는 마태의 기록(마 2:11)이나, 같은 마구간에 대한 기록인 셈이다. 목자들도 박사들도 마을 광장의 공용 마구간을 찾아간 게 아니라 어느 소박한 농가를 찾아갔던 것이다. 아기를 뉘었던 구유('파트네')는 그 농가의 단칸방과 실내 마구간이 만나는 부분에, 정확히 말하면 마구간이 아니라 단칸방 구석에, 더 정확히 말하면 안방의 가장 뜨듯한 구들장에 있었다. 새 창조의 새 언약은 인간뿐 아니라 동식물을 포함한 온 피조세계가 공유할 축복이니 그 위치에 구유가 있었는지도 모른다. "자연 없는 하나님 나라"는 주님이 다시 오실 날뿐 아니라 이날에도 '있을 수도 생각할 수도 없기' 때문이다.[5] 그렇게 우리 주님은 차가운 광장의 길바닥이 아니라 어느 평범한 농가의 안방 따스한 구들장에서 나셨다. 마리아는 그 집의 문간 마구간에서 해산하지 않았다. 그것은 만삭의 여인에게 있을 수 없는 인간 이하의 대접일 것이다. 대신에 마리아는 서너 계단을 힘들게 오르며 들어간 안방에서 아기 예수를 낳았다. 당시 전통에 따라 남자들은 방을 비우고 나갔고, 여인들은 산파를 데리고 와서 해산을 도왔을 것이다. 요셉은 옆집이나 이웃집에서 찾아온 친척들과 오랜만에 만나 그간 살아온 이야기를 나누며 밤새 이야기꽃을 피웠을지도 모른다.

마구간과 구유에 대한 의문은 이렇게 풀리는데, 여전히 여관에 대한 의문이 남는다. 누가는 누가복음 2:7에 "첫아들을 낳아 강보로 싸서 구유에 뉘었으니 이는 여관에 있을 곳이 없음이러라"라고 기록하고 있기 때문이다. 성경에 나오는 '여관'은 두 가지가 있다. 선한 사마리아인 비유에 나오는 여관('판도케이온')은 여행객을 위한 숙소다(눅 10:34). 베들레헴 광장에서 조금 떨어진 곳에 있던 '여관'도 여기에 해당할 것이다. 하지만 그날 "있을 곳이 없었다"(눅 2:7)라고 한 여관은 '카탈뤼마'로 불리는 다락방이었다. 옛날 사랑방이나 요즘의 게스트룸같이, 일반 가정집에 있는 손님방을 말한다. 당시 베들레헴의 촌락 가옥은 대부분 단칸방 가옥이었지만, 조금 여유가 있는 집은 약간 더 높은 위치에 다락방이 하나 더 붙어 있었다. 이것이 우리말 성경에 '여관'으로 번역된 사랑방이다. 요셉과 마리아가 가난한 서민의 집이 아니라 넉넉한 중산층 집에서 해산했으면 더 편했겠지만, 인구조사로 '판도케이온'(여관)은 물론이고 '카탈뤼마'(사랑방)까지 죄다 만원이었던 것이다.

여태껏 많은 사람이 바클레이의 마구간만 알고 지냈다. 베들레헴의 마을 광장이 배경이 된 크리스마스 이야기는 거절당한 아기의 이야기다. 하지만 베일리의 마구간이 배경이 된 크리스마스 이야기는 조금 다르다. 베들레헴의 어느 소박한 농가에서 따듯한 환대를 받은 아기의 이야기다. 이 이야기에서는 아기 예수가 구유에 누인 것은 모두가 그분을 외면했기 때문이 아니라, 어떤 평범한 농부가 자기 집 안방을 마리아에게 내주었기 때문이다.

## 그들은 모두 주가 필요해

러시아의 문호 톨스토이가 『사람은 무엇으로 사는가』의 모티프를 말구유에 누인 아기 예수에서 찾은 건 아닐까 상상해 본다.[6] 대천사 미하일이 하나님께 벌을 받고 땅에 내려와 알몸으로 어느 교회당 담벼락에 웅크리고 앉아 있다. 그는 너무나 춥고 고독하고 배고팠고 병으로 쓰러지기 직전이었다. 지나가던 가난한 구두 수선공 세몬이 그를 불쌍히 여겨 집으로 데려가지 않았다면, 제아무리 천사라 해도, 미하일은 자신에게 주어진 사명을 감당하지 못했을 것이다.

베일리의 마구간이 오늘 우리에게 주는 메시지는 무엇일까? 주님이 이 땅에 오실 때 가장 먼저 상류사회 저택이나 중산층 높은 아파트가 아닌 도시 서민의 평범한 주거지를 찾아가셨다는 것이다. 물론 시골 초가집의 안방도 얼마든 해당될 것이다. 그러니 크리스마스 하면 떠올려야 하는 이미지는, 화려한 백화점의 샹들리에가 아니라, 안방 구들장은 따듯하고 부엌에선 미역국이 모락모락 끓으며 마구간에서는 소들이 음매 소리를 내는 시골집의 정겨운 풍경이 아닐까? 평범한 가정의 보통 아이로 오신 아기 예수의 말구유 탄생은 차가운 거절이 아니라 따듯한 환대의 이야기다. 이레나이우스의 말처럼, 그리스도는 "성육신을 통해 우리와 연합하여 우리 모든 형편으로 들어오신" 분이고, 크리스마스는 가난했지만 자기들 형편에서 정성을 다해 아기 예수를 영접한 베들레헴 서민들의 이야기다.[7] 최고의 선이신 그리스도께서 보통 사람들의 집에 오신 까닭은, 그 집이 부유한 자나 가난한 자나, 남자나 여자나, 유대인이나 이방인이나, 주인이나 종이나, 심지어 동물들까지도 마음만 먹으면 얼마든 편안히 다가갈 수 있는 평범한 공간이기 때문이다. 그렇게 아기 예수는 시작부터 모두를 위한 공동의 선이 되어 주신다. 누구라도 아기 예수를 영접하러 갈 수 있어서 모두 좋았다고 복음서는 기록하고 있다.

    이처럼 크리스마스 이야기는 평범한 사람들이 예수님을 따스하게 환대했던 좋은 이야기다. 사실 우리가 무슨 특별한 존재가 되어야만 주님을 내 삶의 자리에 모실 수 있는 것은 아니다. 꼭 엄청난 고난을 겪고 기막힌 아픔을 겪어야 하는 것도 아니다. 주님은 누구나 언제든 평범한 일상 속에서 만날 수 있는 분이다. 내가 비록 조그만 임대 아파트에 살아도, 오늘 저녁 찬거리가 변변치 않아도, 그런 우리 집에도 주님을 초대할 수 있다. 크리스마스는 소수의 특별한 사람들에게 일어나는 드라마틱한 스토리라기보다 평범한 사람들에게 언제나 찾아올 수 있고 누구나 경험할 수 있는 일상의 스토리다. 교부 다마스쿠스의 요하네스(Johannes Damascenus)가 말한 것처럼, 주님은 "나를 위해 (소박한) 물질이 되셨으며, (소박한) 물질을 통해 나의 구원을 이루시는" 분이기 때문이다.[8]

오늘도 예수님은 무대를 망쳐 버렸지만 결코 바보는 아닌 덕구 같은 사람들의 방을 찾으신다. 그리고 천사도 주님도 알아보지 못했던 진짜 바보였던 나의 방에도 찾아오신다. 살다 보면, 마치 한 편의 연극 같은 자기 인생의 어느 막을 실수로 망쳐 버릴 때도 있다. 하지만 크리스마스는 조용히 속삭인다. 그런 나의 조그만 단칸방에도 가장 좋으신 예수님을 얼마든 모실 수 있다고, 그런 나의 소박한 밥상으로도 가장 선하신 예수님을 얼마든 영접할 수 있다고. 그런 나도, 조그만 마구간 같은 것만 있으면, 아기 예수와 같은 처지에 놓인 이웃을 따스하게 환대하는 이야기 속으로 들어갈 수 있다고….

## 에필로그

사람들은 흔히 예수님의 삶도 '기록된 순간들'로만 기억한다. 베들레헴 탄생, 열두 살 성전의 토론, 세례 요한과의 만남, 갈릴리의 기적들, 골고다의 고난과 부활. 하지만 그 사이 침묵의 시간, 특히 유년기는 거의 언급되지 않는다. 말이 없다고, 기록되지 않았다고, 존재하지 않았던 것은 아닐 텐데 말이다.

신학자 칼 바르트의 말이 떠오른다. 하나님은 인간의 실수를 통해 당신의 일을 이루신다는, 인간의 역설을 통해 그분의 뜻을 완성하신다는. 사실 알고 보면 우리가 사용하는 '서력'(AD)조차 정확한 계산이 아니다. 달력 고안자 '작은 디오니시우스'의 착오가 있었다. 아기 예수는 서기 1년에 태어나시지 않았다. 역사학자들에 따르면, 예수님의 실제 탄생은 기원전 4-6년 어간이다. 헤롯이 기원전 4년에 죽은 것이 결정적 단서다.

그렇다면 서기 1년은 예수님이 여섯 살가량 되신 해였을 것이다. 그 무렵, 요셉과 마리아는 이집트 피난을 마치고 나사렛으로 귀향하고 있었다. 서력의 첫해, 주인공은 이주와 경계, 피난과 돌아옴의 기억으로 얼룩져 있다. 몇 해 전 작고하신 이어령 선생은 이렇게 자신의 유년 시절을 회상한 적이 있다. "나는 여섯 살 때 인생의 허무를 처음 느꼈다." 설명할 수 없는 상실감. 이유도 알지 못한 채, 무언가를 잃었다는 예감. 하지만 그것은 끝의 예감이 아니라 영원을 향한 감각의 시작이었다. 문득 나의 여섯 살도 떠오른다. 제주의 시골 바닷가에서 자라다 어느 날 시내로 훌쩍 이사한 다음이었다. 이사 가기 전 창밖으로 보이던 바람과 돌담, 바닷가 풍경이 아직도 아련하다.

예수님은 어떠셨을까? 헤롯의 광기 속에서 스러져 간 아이들, 이집트로 피난했던 사연을 정말 기억하지 못하셨을까? 하나님 아들의 로고스는 그 사무친 기억조차 무의식의 심연에 인류의 슬픔을 오롯이 껴안는 방식으로 간직하셨을지도 모른다. 그렇게 자라다가 자기로 인해 고향에서 벌어졌던 사건을 처음 듣던 날, 소년은 얼마나 울음을 토했을까? C. S. 루이스의 말처럼 "사람은 자신이 어쩔 수 없는 것을 가장 부끄러워한다"는데.[2] 기억나지도 않는 그날의 죄, 그 피비린내 나는 탄생의 대가, 소년은 어떻게 그 말할 수 없는 부끄러움을 감내했을까.

에필로그

그러나 하나님은 어째서 헤롯의 끔찍한 악행으로 인한 트라우마조차 버리지 않으시고, 아버지의 집으로 되돌아오는 길의 일부로 삼으신 걸까? 모든 시작은 첫 기억에서 출발한다. 어쩌면 예수님의 여섯 살은 잊힌 것 같으나 잊히지 않은 기억, 말하지 않았으나 마음에 새겨진 사랑의 자취였는지도 모른다. 아, 대죄마저 쓰시는 하나님의 신비! 그 역설 안에 구속이 움튼다. 바르트의 말처럼 "심연의 망각, 고향의 망각에 기초한 삶의 설계는 더욱 확실하게 거짓이 되기에"³, 예수님은 고향의 기억을 외면하지 않는 진실을 선택하셨던 걸까. 열두 살에 성전에서 말씀하신 "내가 내 아버지의 집에 있어야 할 줄을 알지 못하셨나이까"라는 자기 현존재에 대한 인식의 만개는, 어쩌면 여섯 살 무렵 마음 깊은 곳에 피었던 봉오리의 향기가 아니었나 싶다.

믿음의 이야기는 이처럼 떠남과 귀향의 자리로 가득하다. 아브라함도, 야곱도, 이스라엘 백성도 떠났다가 결국 돌아왔다. 렘브란트는 <탕자의 귀향>에서 이를 잘 집약한다. 고뇌 속에 문득 떠오른 아버지 집의 추억을. 여섯 살 예수님의 귀향 역시 이 땅의 고향 너머 하늘 아버지의 집을 향한 첫 걸음이 아니었을까! 아바 아버지를 기억하고, 그분을 향해 작은 발걸음을 내디디며, 결국 자기 온 생애로 그분을 드러내는 천로역정이었다.

사람은 누구나 바로 그러한 역정의 자리에서 (자신이든 아니든) 누군가 저지른 크나큰 실수의 시간 위에 서 있게 마련이다. 그러나 하나님은 그 어긋남과 착오조차 경이롭게 사용하신다. 역사의 실수가 있던 자리들마저 은총에 감싸인 신앙의 무대가 되게 하시고, 허무의 자리마저 영원의 통로가 되게 하신다. "나는 죄인입니다. 그러나 자비가 저를 불러 주셨습니다." 프란체스코 교황의 평생 고백이다.

예수님의 유년 시절처럼 "고운 사람이 없어져 버린"[4] 이 땅 봄날의 서늘한 상처 또한 신적 섭리 안에서 어떻게 다시 회복될 수 있을까. 『소년이 온다』에서 작가 한강은 "소년이 앞서 나아가는 대로 나는 따라 걷는다"라고 다짐한 바 있다.[5] 정말이지 그리스도 예수께서 부활의 햇살 아래 우리를 신앙의 자리들을 따라 "밝은 쪽으로, 빛이 비치는 쪽으로, 꽃이 핀 쪽으로 끌고 가기를 바란다."[6] 우리네 모든 인생 자리란 것이 어쩌면 바르트가 말한 대로 "(하나님처럼) 은폐된 심연이면서, 우리 모두가 걷는 길의 시작과 끝에 감춰진 고향"[7]일지도 모르니. 아, 돌아갈 곳이 있다는 그 한 가지 기억만으로도 지금 이 자리에서 영원한 본향을 우러를 수 있지 않을까. 기억되지 않은 시간마저 기억하시는 분, 숨겨진 자리조차 쓰시는 분이 오늘도 우리를 조용히 부르신다. 돌아오라고, 영원한 본향을 향해 다시 첫걸음을 내디디라고.

신학은 삶으로 고백될 때 비로소 '진실'(orthodoxy, 올바른 고백)이 되고, 신앙은 신학과 우정을 맺을 때 비로소 '참

길'(orthopraxy, 올바른 실천)이 된다. 오늘도 저마다의 자리에서 살아내는 신앙이 누군가에게 또 하나의 '살아내는 신학'으로 은은히 빛날 수 있기를….

'살아낸 신학'은 '항상 살아내는 신앙'이어야 한다.

Theologia viva est fides quae semper vivitur.

# 주

## 바닥

1 공자, 『논어』, 60.
2 공자, 『논어』, 139.
3 공자, 『논어』, 185.
4 헤르만 바빙크, 『개혁파 교의학』, 139; 『논어』, 60.
5 유진 피터슨, 『메시지』, 2200.
6 김선용, 『갈라디아서』, 52-53.
7 김선용, 『갈라디아서』, 61.
8 유진 피터슨, 『메시지』, 2200.
9 알리스터 맥그라스, 『신학이란 무엇인가』, 768-772.
10 토드 빌링스, 『칼뱅, 참여, 그리고 선물』, 158.
11 토드 빌링스, 『칼뱅, 참여, 그리고 선물』, 163.
12 나빌 쿠레쉬, 『알라를 찾다가 예수를 만나다』, 433.
13 J. Y. Lee, *Marginality: Key to Multicultural Theology*, 83.
14 칼 바르트, 『로마서(제2판, 1922)』, 206, 214.
15 스탠리 하우어워스, 『신학자의 기도』, 73, 81.

## 가난

1. 블레즈 파스칼, 『팡세』, 34.
2. 장 칼뱅, 『기독교강요(1559)』, 3.10.5.
3. 자크 엘륄, 『부와 가난과 대하여』, 210-230.
4. Kathryn Tanner, *Jesus, Humanity and the Trinity*, 28.
5. Gregory of Nazianzus, *Epistle 101. Library of Christian Classics, vol.3*, 218.
6. 볼프하르트 판넨베르그, 『판넨베르그 조직신학 II』, 321.
7. 볼프하르트 판넨베르그, 『판넨베르그 조직신학 II』, 323.
8. 폴 틸리히, 『흔들리는 터전』, 266-271.
9. 찰스 스펄전, 『스펄전 설교전집, 누가복음 1』, 6장 20-26절.
10. 아서 A. 저스트 2세 엮음, 『교부들의 성경주해, 누가복음서』, 185.
11. 헤르만 바빙크, 『개혁파교의학』, 753.

## 한계

1. 애슐리 헤일스, 『작아서 아름다운』, 23.
2. 애슐리 헤일스, 『작아서 아름다운』, 24.
3. 다니엘 밀리오리, 『이해를 추구하는 신앙』, 189.
4. 존 폴킹혼 엮음, 『케노시스 창조이론-신은 어떻게 사랑으로 세상을 만드셨는가?』, 182-183.
5. 애슐리 헤일스, 『작아서 아름다운』, 30.
6. 애슐리 헤일스, 『작아서 아름다운』, 37-44.

7  https://www.youtube.com/watch?v=_9-ajTbM838(2008년 6월 8일).
8  장 칼뱅, *Comm. 2 Timothy*, 23.
9  유진 피터슨, 『성공주의 목회 신화를 포기하라』, 74.
10 유진 피터슨, 『성공주의 목회 신화를 포기하라』, 114.
11 에리히 프롬, 『소유냐 삶이냐』, 60-61.
12 폴 틸리히, Systematic Theology, vol. 3, 140, 220, 369.
13 스콧 헨드릭스, 『마르틴 루터: 새 시대를 펼친 비전의 개혁자』, 242-243, 268-269.

## 거울

1  팀 켈러, 『답이 되는 기독교』, 70-74.
2  안도현, 『파꽃』, 37.
3  리터 폰 홀게르, 헤르만 바빙크의 『개혁파교의학』, 518에서 재인용.
4  홍인표, 『강아지 똥으로 그린 하나님 나라: 권정생의 작품과 삶』, 36.
5  송용원, 『사이에서』, 92.

## 빈들

1  도로시 세이어즈, 『창조자의 정신』, 57, 74.
2  무라카미 하루키, 『직업으로서의 소설가』, 154-155.
3  T. S. 엘리엇, 『황무지』, 45.
4  Kathryn Tanner, *Jesus, Humanity and the Trinity*, 28.

5  장-끌로드 가이 편, 『사막 교부들의 금언집』「무명 모음집」 664.

6  찰스 포스터, 『길 위에서 하나님을 만나다』, 36.

7  찰스 포스터, 『길 위에서 하나님을 만나다』, 51.

8  장 칼뱅, 『기독교 강요』(1559), 1.1.1.

9  찰스 포스터, 『길 위에서 하나님을 만나다』, 98.

10  찰스 포스터, 『길 위에서 하나님을 만나다』, 117.

11  장 칼뱅, 『기독교 강요』(1559), 2.2.25.

12  로완 윌리엄스, 『사막의 지혜』, 89.

## 선택

1  톰 라이트, 『모든 사람을 위한 요한복음 II』, 161.

2  장 칼뱅, *Comm. John*. 19:1.

3  리차드 보컴, 『십자가에서』, 103, 110; 김동건, 『예수: 선포와 독특성』, 363-364.

4  장 칼뱅, *Comm. Matthew*. 27:11.

5  이재철, 『요한과 더불어, 여덟 번째 산책』, 283-285.

6  디트리히 본회퍼, 『설교집』, 요한복음 8:32, 248.

7  디트리히 본회퍼, 『설교집』, 요한복음 8:32, 248.

8  리차드 보컴, 『십자가에서』, 108.

9  존 스토트, 『그리스도의 십자가』, 87.

10  토머스 C. 오든 책임 편집, 『교부들의 성경주해, 루카복음서』, 507.

11  토머스 C. 오든 책임 편집, 『교부들의 성경주해, 마태오복음서 14-28장』, 425.

## 갈망

1. 김경은, 『묵상과 기도』, 60.
2. 자끄 엘륄, 『머리 둘 곳 없던 예수-대도시의 성서적 의미』, 283-284.
3. 팀 켈러, 『내가 만든 신』, 21.
4. 존 칼빈, 『기독교 강요(1559)』, 1.5.12.
5. 김회권, 『하나님나라 신학으로 읽는 다니엘서』, 130, 170-171.
6. 헤르만 바빙크, 『개혁교의학 1』, 452.
7. 존 칼빈, 『기독교강요(1559)』, 1.11.8.
8. 톰 라이트, 『우상의 시대, 교회의 사명』, 72-73.
9. 다니엘 밀리오리, *Faith Seeking Understanding*, 11.
10. 다니엘 밀리오리, *Faith Seeking Understanding*, 5.
11. 마르틴 루터, *Large Catechism*, 365.
12. 다니엘 밀리오리, *Faith Seeking Understanding*, 3.
13. 폴 틸리히, 『흔들리는 터전』, 25-26.
14. C. S. 루이스, 『헤아려 본 슬픔』, 94.

## 지혜

1. 트레버 커노, 『지혜의 역사』, 22-23.
2. 요슈타인 가아더, 『소피의 세계』, 101, 111.
3. 요슈타인 가아더, 『소피의 세계』, 101, 111.
4. 헤르만 바빙크, 『개혁파 교의학』, 139-148.
5. 블레즈 파스칼, 『팡세』, 130.

6   김균진, 『기독교신학 2』, 17.
7   마셜 존슨, 『고대 문학의 렌즈로 보는 성경』, 29, 54.
8   송민원, 『지혜란 무엇인가』, 25-29, 53.
9   아우구스티누스, 『고백록』, 7.10.16.
10  로렌스 엘리어트, 『조지 워싱턴 카버 전기』, 142-171.
11  송민원, 『지혜란 무엇인가』, 25-29, 53.
12  존 프레임, 『자연, 양심, 하나님』, 61-62.
13  김균진, 『기독교신학 1』, 417-418.
14  톰 라이트, 『모든 사람을 위한 고린도전서』, 46.
15  프랜시스 윌리엄 부르디옹, *The Night Has a Thousand Eyes and Other Poems*, 1899에 수록된 시. 「The Night Has a Thousand Eyes」 중.
16  E. E. 커밍스, *Complete Poems: 1904-1962*에 수록된 시. 「I carry your heart with me(I carry it in)」 중.

## 일터

1   미로슬라브 볼프, 『일과 성령』, 56.
2   미로슬라브 볼프, 『인간의 번영』, 18.
3   도로시 세이어즈, "왜 일하는가?" 『도그마는 드라마다』, 122-123.
4   도로시 세이어즈, "왜 일하는가?" 『도그마는 드라마다』, 126-127.
5   김훈 "아, 목숨이 낙엽처럼", 한겨레신문, 2019.5.14.
6   티모시 켈러, 『일과 영성』, 75.
7   미로슬라브 볼프, 『일과 성령』, 205-212.
8   도로시 세이어즈, "왜 일하는가?" 『도그마는 드라마다』, 136-147.

9  마르틴 루터, *Luther's Works*, Vol. 56, 30; Vol. 10/I, 311; Vol. 34/II, 300-306.
10  로렌스 형제, 『하나님의 임재 연습』, 9-23.
11  미로슬라브 볼프, 『일과 성령』, 157.


## 나무

1  이원수 작사, 정세문 작곡 동요.
2  쇠얀 키르케고르, 『새와 백합에게 배우라』, 40-42.
3  C. S. 루이스, 『영광의 무게』, 12.
4  쇠얀 키르케고르, 『새와 백합에게 배우라』, 51.
5  헤르만 헤세, 『헤르만 헤세의 나무들』, 9, 11.
6  오카 기요시, 『수학자의 공부』; 일본 요미우리TV 개국 60년 스페셜드라마 <천재를 키운 부인>, https://www.youtube.com/watch?v=QrIarVSun80&t=2s.
7  장 칼뱅, 『기독교강요』, 3.10.6, 244.
8  박인숙, 『내 아버지 박수근』, 254-259, 285-292.


## 흔적

1  장 칼뱅, 『기독교강요』, 3.1.1.
2  장 칼뱅, 『기독교강요』, 3.1.1.
3  제러미 리프킨, 『공감의 시대』, 19-21.

4  김용직 엮음, 『김소월 전집』, 155.
5  하한주 작사, "임쓰신 가시관"(1984).
6  프란치스꼬회 한국관구 옮김, 『성 프란치스꼬의 잔 꽃송이』, 235-270.
7  이 기도는 『성 프란치스꼬의 잔 꽃송이』(235-270), 『보나벤뚜라에 의한 아씨시의 성 프란치스꼬 대전기』(139-148), 그리고 토마스 첼라노의 『아씨시 성 프란치스꼬의 생애』(151-170)에 전해지는 라베르나산에서의 오상(五傷) 체험을 바탕으로 재구성된 것이다. 프란치스코처럼, 노리치의 줄리안 또한 주님의 수난에 동참하는 은혜를 간절히 구했다. 그녀는 하나님께 세 가지 은혜를 요청했다. 첫째는 그리스도의 고난을 마음 깊이 새기는 일이었고, 둘째는 자신의 몸으로 병을 겪는 것이었으며, 셋째는 세 개의 상처를 은총의 표징으로 받는 것이었다(『하나님 사랑의 계시』, 27).
8  성프란치스꼬회 펴냄, 『보나벤뚜라에 의한 아씨시의 성 프란치스꼬 대전기』, 139-148; 토마스 첼라노, 『아씨시 성프란치스꼬의 생애』, 151-170.
9  이 기도는 아빌라의 테레사의 『자서전』 제29장(277-286)과 『영혼의 성』 제 육 궁방(141-159)에 나타난 환시 체험과 영적 고통의 기록을 바탕으로 재구성한 내용이다.
10  노리치의 줄리안, 『하나님 사랑의 계시』, 125-127, 152-154, 291-294.
11  노리치의 줄리안, 『하나님 사랑의 계시』, 178, 189-190.

## 만족

1  렐란드 라이켄 등, 『성경 이미지 사전』, 1107.
2  아리스토텔레스, 『니코마코스 윤리학』, 70, 146.
3  윌리엄 바클레이, 『성경주석 마태복음 상』, 122.

4   아리스토텔레스, 『니코마코스 윤리학』, 146.
5   윌리엄 바클레이, 『성경주석 마태복음 상』, 124-125.
6   존 바클레이 외 지음, 『IVP 성경비평주석 신약』, 141.
7   존 바클레이 외 지음, 『IVP 성경비평주석 신약』, 142.
8   찰스 스펄전, 『스펄전 설교전집 마태복음 I』, 175-176, 196.
9   스탠리 하우어워스, 『신학자의 기도』, 157.
10  스탠리 하우어워스, 『신학자의 기도』, 89.
11  윌리엄 바클레이, 『성경주석 마태복음 상』, 123.
12  J. C. 라일, 『사복음서 강해』. 44.
13  니콜라스 월터스토프, 『나는 사랑하는 사람을 잃었습니다』, 13.
14  디트리히 본회퍼, 『디트리히 본회퍼 설교집』, 482.
15  디트리히 본회퍼, 『디트리히 본회퍼 설교집』, 482.
16  찰스 스펄전, 『스펄전 설교전집 마태복음 I』, 197.
17  오스왈드 챔버스, 『산상수훈』, 26.
18  찬송가 541장, 손양원 작사.
19  유진 피터슨, 『메시지』, 1793.
20  토마스 오든 책임 편집, 『교부들의 성경주석. 마태복음 1-13장』, 159.
21  토마스 오든 책임 편집, 『교부들의 성경주석, 민수기』, 353.


## 꽃길

1   김영수, "한국 교회의 기도원 영성 이해". 『하나님을 향한 영혼의 여정』, 341-362.
2   알리스터 맥그라스, 『신학이란 무엇인가』, 761.

3  헤르만 바빙크, 『개혁교의학 3』, 240.
4  Philip Sheldrake, *Exploration in Spirituality: History, Theology, and Social Practice*. 58, 98.
5  송용원, 『하나님의 공동선』, 53.
6  송용원, 『하나님의 공동선』, 54.

## 연단

1  장 칼뱅, 『기독교강요』(1559), 1.6.2; 1.14.20.
2  래비 재커라이어스. 노먼 가이슬러 엮음, 『하나님을 누가 만들었을까?』, 69; 노만 가이슬러, 프랭크 튜랙, 『진리의 기독교』, 193.
3  알리스터 맥그라스, 『우주의 의미를 찾아서』. 맥그라스에 따르면, "'정교한 조율'이라는 표현은, 우주의 기본 상수들이 지닌 값들과 우주의 최초 상태가 지닌 특성이, 지적 생명체가 출현하여 자라갈 수 있는 특별한 종류의 우주가 등장하도록 만드는 데 결정적 역할을 했다는 과학적 깨달음을 가리키는 말로 사용된다." 123.
4  래비 재커라이어스. 노먼 가이슬러 엮음, 『하나님을 누가 만들었을까?』, 70.
5  브루스 고든, 『칼뱅』, 168-169.
6  폴 틸리히, 『새로운 존재』, 34.

# 씨앗

1 토마스 C. 오든 책임 편집, 『교부들의 성경 주해, 루카복음』, 220.
2 C. G. 융, 『인격은 어떻게 발달하는가』, 244.
3 헬무트 틸리케, 『기다리는 아버지』, 90-91.
4 헬무트 틸리케, 『기다리는 아버지』, 92-93.
5 토마스 C. 오든 책임 편집, 『교부들의 성경 주해, 마태복음 1-13장』, 398.
6 J. C. 라일, 『사복음서 강해』, 69.
7 토마스 C. 오든 책임 편집, 『교부들의 성경 주해, 마태복음 1-13장』, 397; 헬무트 틸리케, 『기다리는 아버지』, 89-90.
8 헬무트 틸리케, 『기다리는 아버지』, 95.
9 토마스 C. 오든 책임 편집, 『교부들의 성경 주해, 마태복음 1-13장』, 398; 헬무트 틸리케, 『기다리는 아버지』, 96.
10 헬무트 틸리케, 『기다리는 아버지』, 95-96.
11 토마스 C. 오든 책임 편집, 『교부들의 성경 주해, 루카복음』, 222.
12 토마스 C. 오든 책임 편집, 『교부들의 성경 주해, 루카복음』, 222.
13 장 칼뱅, *Comm. Matthew*. 13:20.
14 토마스 C. 오든 책임 편집, 『교부들의 성경 주해, 마태복음 1-13장』, 400.
15 토마스 C. 오든 책임 편집, 『교부들의 성경 주해, 루카복음』, 219.
16 헬무트 틸리케, 『기다리는 아버지』, 92.
17 토마스 C. 오든 책임 편집, 『교부들의 성경 주해, 루카복음』, 223.
18 장 칼뱅, *Comm. Matthew*. 13:22.
19 토마스 C. 오든 책임 편집, 『교부들의 성경 주해, 루카복음』, 223.
20 토마스 C. 오든 책임 편집, 『교부들의 성경 주해, 루카복음』, 223; 『교부들의 성경 주해, 마태복음 1-13장』, 400.

21  헬무트 틸리케, 『기다리는 아버지』, 101.
22  토마스 C. 오든 책임 편집, 『교부들의 성경 주해, 마태복음 1-13장』, 399.
23  토마스 C. 오든 책임 편집, 『교부들의 성경 주해, 루카복음』, 220.

## 환대

1  윌리엄 바클레이, 『바클레이 성경 주석 누가복음』, 45-47.
2  프레드릭 비크너, 『어둠 속의 비밀』, 39-40.
3  김진혁, 『질문하는 신학』, 327.
4  케네스 베일리, 『중동의 눈으로 본 예수』, 41-59.
5  김균진, 『예수와 하나님 나라』, 191, 515.
6  레프 톨스토이, 『인생이란 무엇인가 3. 행복』, "사람은 무엇으로 사는가", 38-69.
7  알리스터 맥그라스, 『신학이란 무엇인가, Reader』, 517.
8  헤르만 바빙크, 『개혁교의학 3』, 414.

## 에필로그

1  김지수, 『이어령의 마지막 수업』, 57-58.
2  C. S. 루이스, 『우리가 얼굴을 찾을 때까지』, 139.
3  칼 바르트, 『로마서(제2판, 1922)』, 183.
4  한강, 『소년이 온다』, 187.
5  한강, 『소년이 온다』, 213.

6 한강, 『소년이 온다』, 213.
7 칼 바르트, 『로마서(제2판, 1922)』, 177.

# 참고문헌

Bourdillion, Francis William. *The Night Has A Thousand Eyes And Other Poems*. Nabu Press, 2014.

Calvin, John. *Institutes of the Christian Religion*. The Westminster Press, 1960.

_____. *Calvin's Commentaries. 22 Vols*. Baker Book House, 2005.

Gregory of Nazianzus, *Epistle 101. Library of Christian Classics, vol.3*. Westminster, 1954.

Jung Young. Lee. *Marginality: Key to Multicultural Theology*. Fortress, 1995.

Luther, Martin. *Large Catechism*. Fortress, 1959.

_____. *Luther's Works*. Fortress Press and Concordia Publishing House, 2018.

Migliore, Daniel. *Faith Seeking Understanding*. Eerdmans, 2014.

Philip Sheldrake. *Exploration in Spirituality: History, Theology, and Social Practice*. Paulist Press, 2010.

Tanner, Kathryn. *Jesus, Humanity and the Trinity*. Fortress, 2001.

Tillich, Paul. *Systematic Theology, vol. 3*. The University of Chicago Press, 1976.

가아더, 요슈타인. 『소피의 세계』. 현암사, 2015.

가이슬러, 노만. & 튜랙, 프랭크. 『진리의 기독교』. 좋은씨앗, 2009.

고든, 브루스. 『칼뱅』. IVP, 2018.

공자. 『논어』. 홍익출판사, 2022.

기요시, 오카. 『수학자의 공부』. 사람과나무사이, 2020.

김경은. 『묵상과 기도』. 성서유니온, 2020.

김균진. 『기독교신학 1』. 새물결플러스, 2014.

_____. 『기독교신학 2』. 새물결플러스, 2014.

_____. 『예수와 하나님 나라』. 새물결플러스, 2016.

김동건. 『예수: 선포와 독특성』. 대한기독교서회, 2018.

김선용. 『갈라디아서』. 비아토르, 2020.

김용직 엮음. 『김소월 전집』. 서울대학교출판부, 1996.

김지수. 『이어령의 마지막 수업』. 열림원, 2021.

김진혁. 『질문하는 신학』. 복있는사람, 2019.

김회권. 『하나님나라 신학으로 읽는 다니엘서』. 복있는사람, 2010.

노리치의 줄리안. 『하나님 사랑의 계시』. 은성, 2007.

라이켄, 렐란드. 『성경 이미지 사전』. CLC, 2001.

라이트, 톰. 『우상의 시대, 교회의 사명』. IVP, 2016.

_____. 『모든 사람을 위한 고린도전서』. IVP, 2019.

_____. 『모든 사람을 위한 요한복음 II부 11-21장』. IVP, 2020.

라일, J. C. 『사복음서 강해』. CLC, 2008.

로렌스 형제. 『하나님의 임재 연습』. 두란노, 2018.

루이스, C. S. 『헤아려 본 슬픔』. 홍성사, 2004.

_____. 『영광의 무게』. 홍성사, 2008.

리프킨, 제러미. 『공감의 시대』. 민음사, 2010.

맥그라스, 알리스터. 『신학이란 무엇인가』. 복있는사람, 2020.

_____. 『신학이란 무엇인가, Reader』. 복있는사람, 2021.

_____. 『우주의 의미를 찾아서』. 새물결플러스, 2011.

밀리오리, 다니엘. 『이해를 추구하는 신앙』. 새물결플러스, 2016.

바르트, 칼. 『로마서(제2판, 1922)』. 복있는사람. 2017.

바빙크, 헤르만. 『개혁파 교의학』. 새물결플러스, 2015.

_____. 『개혁교의학 1』. 부흥과개혁사, 2011.

_____. 『개혁교의학 3』. 부흥과개혁사, 2011.

바클레이, 윌리엄. 『바클레이 성경 주석 마태복음 상』. 기독교문사, 2009.

_____. 『바클레이 성경 주석 누가복음』. 기독교문사, 2009.

바클레이, 존. 『성경비평주석 신약』. IVP, 2020.

박인숙. 『내 아버지 박수근』. 삼인, 2020.

베일리, 케네스. 『중동의 눈으로 본 예수』. 새물결플러스, 2016.

보컴, 리차드. 『십자가에서』. 터치북스, 2021.

본회퍼, 디트리히. 『설교집』. 복있는사람, 2023.

볼프, 미로슬라브. 『일과 성령』. IVP, 2019.

_____. 『인간의 번영』. IVP, 2017.

비크너, 프레드릭. 『어둠 속의 비밀』. 포이에마, 2016.

빌링스, 토드. 『칼뱅, 참여, 그리고 선물』, 이레서원, 2021.

성프란치스꼬회 펴냄. 『보나벤뚜라에 의한 아씨시의 성 프란치스꼬 대전기』. 분도출판사, 1991.

세이어즈, 도로시. 『창조자의 정신』. IVP, 2007.

_____. 『도그마는 드라마다』. IVP, 2017.

송민원. 『지혜란 무엇인가』. 감은사, 2021.

송용원. 『사이에서』. IVP, 2022.

스토트, 존. 『그리스도의 십자가』. IVP, 2007.

스펄전, 찰스. 『스펄전 설교전집 누가복음 1』. CH북스, 2012.

_____. 『스펄전 설교전집 마태복음 I』. CH북스, 2013.

아리스토텔레스. 『니코마코스 윤리학』. 길, 2011.

아빌라의 테레사. 『자서전: 천주 자비의 길』. 분도출판사, 1983.

_____. 『영혼의 성』. 바오로딸, 1993.

아우구스티누스. 『고백록』. 대한기독교서회, 2013.

안도현. 『파꽃』. 시인생각, 2013.

엘륄, 자끄. 『머리 둘 곳 없던 예수-대도시의 성서적 의미』. 대장간, 2013.

_____. 『부와 가난과 대하여』. 비아토르, 2017.

엘리어트, 로렌스. 『조지 워싱턴 카버 전기』. 대한기독교서회, 1993.

엘리엇, T. S. 『황무지』. 민음사, 2017.

오든, 토머스 C. 편집. 『교부들의 성경주해, 마태오 복음서 1-13장』. 분도출판사, 2010.

_____. 『교부들의 성경주해, 루카복음서』. 분도출판사, 2011.

_____. 『교부들의 성경주해, 마태오 복음서 14-28장』. 분도출판사, 2011.

_____. 『교부들의 성경주해, 민수기』. 분도출판사, 2011.

융, C. G. 『인격은 어떻게 발달하는가』. 부글북스, 2015.

월터스토프, 니콜라스. 『나는 사랑하는 사람을 잃었습니다』. 좋은씨앗, 2014.

윌리엄스, 로완. 『사막의 지혜』. 비아, 2019.

이재철. 『요한과 더불어, 여덟 번째 산책』. 홍성사, 1997.

장-끌로드 가이 편. 『사막 교부들의 금언집』. 두란노 아카데미, 2011.

재커라이어스, 래비. & 가이슬러, 노먼 엮음. 『하나님을 누가 만들었을까?』. 사랑플러스, 2005.

존슨, 마셜. 『고대 문학의 렌즈로 보는 성경』. 이레서원, 2020.

챔버스, 오스왈드. 『산상수훈』. 토기장이, 2015.

첼라노, 토마스. 『아씨시 성프란치스꼬의 생애』. 분도출판사, 1986.

칼뱅, 장. 『기독교강요(1559)』. 생명의말씀사, 2020.

커노, 트레버. 『지혜의 역사』. 한문화, 2018.

켈러, 티모시. 『답이 되는 기독교』. 두란노, 2018.

_____. 『내가 만든 신』. 두란노, 2017.

_____. 『일과 영성』. 두란노, 2013.

쿠레쉬, 나빌. 『알라를 찾다가 예수를 만나다』. 새물결플러스, 2016.

키르케고르, 쇠얀. 『새와 백합에게 배우라』. 카리스아카데미, 2022.

톨스토이, 레프. 『인생이란 무엇인가 3. 행복』. 동서문화사, 2004.

틸리케, 헬무트. 『기다리는 아버지』. 복있는사람, 2023.

틸리히, 폴. 『흔들리는 터전』. 뉴라이프, 2008.

_____. 『새로운 존재』. 뉴라이프, 2008.

파스칼, 블레즈. 『팡세』. 민음사, 2003.

판넨베르그, 볼프하르트. 『판넨베르그 조직신학 II』. 새물결플러스, 2018.

포스터, 찰스. 『길 위에서 하나님을 만나다』. IVP, 2022.

폴킹혼, 존 엮음. 『케노시스 창조이론 - 신은 어떻게 사랑으로 세상을 만드셨는가?』. 새물결플러스, 2015.

프레임, 존. 『자연, 양심, 하나님』. 좋은씨앗. 2020.

프롬, 에리히. 『소유냐 삶이냐』. 동서문화사, 2010.

피터슨, 유진. 『메시지』. 복있는사람, 2016.

_____. 『성공주의 목회 신화를 포기하라』. 좋은씨앗, 2002.

하루키, 무라카미. 『직업으로서의 소설가』. 현대문학, 2016.

하우어워스, 스탠리. 『신학자의 기도』. 비아, 2018.

한강. 『소년이 온다』. 창비, 2014.

한국기독교영성학회. 『하나님을 향한 영혼의 여정』. 한국장로교출판사, 2018.

헤세, 헤르만. 『헤르만 헤세의 나무들』. 창비, 2021.

헤일스, 애슐리. 『작아서 아름다운』. IVP, 2023.

헨드릭스, 스콧. 『마르틴 루터: 새 시대를 펼친 비전의 개혁자』. IVP, 2017.

홍인표. 『강아지 똥으로 그린 하나님 나라: 권정생의 작품과 삶』. 세움북스, 2021.

## 신앙의 자리

지은이 송용원
펴낸곳 (사)한국성서유니온선교회 • 등록 제14-6호(1978. 10. 21.)
판권 ⓒ (사)한국성서유니온선교회 2025 • 초판발행일 2025년 6월 2일
주소 05663 서울시 송파구 오금로22길 13 • 전화 02-2202-0091 • 팩스 02-2202-0095
이메일 edit02@su.or.kr • 홈페이지 www.su.or.kr

ISBN 978-89-325-5076-3 03230

성서유니온선교회(Scripture Union)는 1867년에 영국에서 어린이 전도와 성경읽기 사역을 시작하여, 현재 120여 개국에서 다양한 사역을 펼치고 있는 국제 선교단체입니다.

한국성서유니온선교회는 1972년에 시작되어 한국 교회에 성경묵상(QT)을 소개하였고, 현재 전국 12개 지부에서 성경읽기, 어린이·청소년 전도, 캠프, 개인성경공부(PBS), 그룹성경공부(GBS), 지도자 훈련, 기독교 서적 출판 등의 사역에 힘쓰고 있습니다.

성서유니온선교회의 목적은 어린이와 청소년 그리고 그들의 가정에 하나님의 복음을 전하는 한편, 모든 그리스도인이 규칙적이고 체계적인 성경묵상을 통해 온전한 믿음에 이르도록 돕는 것입니다.